K부동산경매

이 책의 출판권은 (주)두드림미디어에 있습니다.
저작권법에 의해 보호받는 저작물이므로 무단 전재와 복제를 금합니다.

국가와 거래하는

K 부동산 경매

김규석 지음

두드림미디어

프롤로그

부동산경매 초보에서 고수까지의 길로 함께 동행하겠습니다

부동산경매의 용어부터 권리분석 등 많은 것이 어렵다고 생각하시는 분들이 많습니다. 제가 경매에 입문할 때에는 부동산경매와 관련한 서적도 많지 않았던 데다가 법을 전공하지 않은 저로서는 경매관련 법률용어들 자체가 어려웠습니다.

등기부상에서 보여 지는 생소한 용어도 그렇고 부동산경매에서 반드시 알아야 하는 것들이 많았는데, 부동산경매에 입찰을 한 번 도전하려 해도 도대체가 불안해서 엄두가 나지 않았습니다.

그래서 법 전공자가 아닌 저로서는 완전히 새롭게 공부를 해야만 했고,

부동산경매와 관련된 서적들을 닥치는 대로 읽어내고 또 읽어내면서 등기부상에서 나타나는 각 권리와 용어들을 하나씩 정리하고 이해해 나가기 시작했습니다.

부동산경매에서는 그런 새로운 도전이 매우 필요할 뿐만 아니라 중요한 권리분석을 공식화 시켜놓으면 경매 취급이 안전하겠다는 생각이 들어서 대법원 판례들까지 꾸준히 읽어가면서 '부동산경매에서의 꽃'이라 할 수 있는 권리분석을 체계적으로 정리하기 시작해서 결국 '권리분석 공식'이란 것을 만들었습니다. 사실, 이 '권리분석 공식'을 만든 이유는 제가 많이 취급하게 될 부동산경매에서 낭패를 보지 않기 위해서였습니다.

이런 과정에서 부동산경매를 시작하여 부동산아카데미 학원도 운영하며 지금까지 제자들의 입찰과 낙찰을 서포팅하면서 어느덧 약 33년의 세월을 보내고 있는 중에 신간을 발간하게 되었습니다. 이 책에는 "아는 것이 힘이다!"라는 만고의 진리로 부동산경매에서 반드시 잘 알아두어야 하는 민사집행법, 민법, 대법원판례에 의거하여 정리해두었습니다.

그리고 '권리분석공식'에 맞추어서 정리했기 때문에 경매 초보자분들도 쉽게 이해할 수 있도록 함은 물론 궁극적으로는 권리분석 고수 및 실전 고수의 레벨에서 난이도가 있고 심도 있는 공부를 해볼 수 있도록 하였습니다.

부디 K부동산경매를 선택하신 분들을 고수의 길목에서 만나 뵙기를 바라며, 끝으로 이 책의 출판에 많은 도움을 주신 두드림미디어의 디자이너 봉찬우님, 편집자 신슬기님과 한성주 대표님께 깊은 감사의 인사를 올립니다.

많은 것이 여물어가는 길에서
김 규석 올림

CONTENTS

프롤로그 부동산경매 초보에서 고수까지의 길로 함께 동행하겠습니다   5

제1장
경매신청에서 매각준비까지

1. 강제경매와 임의경매   14
2. 매각(경매)절차   16
3. 매각 방법   21
4. 매각(입찰)의 준비   23
5. 매각기일·매각결정기일의 통지 및 공고   26
6. 새매각과 재매각   28
7. 배당요구 및 배당요구종기일   30
8. 임차인의 권리신고와 배당요구신청   33
9. 매각일정의 변동   35
10. 매각절차의 취소사유   37
11. 경매신청의 취하   40

제2장
입찰에서 소유권이전까지

1. 채무자 등의 매수신청 금지   46
2. 입찰 시 준비서류   48
3. 매각(입찰)의 실시   49
4. 성공적인 입찰·낙찰을 위해 반드시 지켜야 할 3원칙   56
5. 입찰표 작성 시 유의사항   60
6. 입찰이 무효가 되는 경우   63
7. 매각허부결정 및 매각불허가 사유   65
8. 즉시항고   67
9. 매각대금의 납부   70
10. 상계 등의 특별한 대금납부 방법   72
11. 매각대금 미납 시 법원의 조치   74
12. 소유권이전등기   76

제3장
인도(명도) 성공하기

1. 관리명령 및 인도(명도)명령	80
2. 인도(명도)관련 안내문	85
3. 짐(동산)만 남겨놓은 경우의 명도 방법	88
4. 국군원조 요청	91
5. 경매에서 알면 도움이 되는 형법	93
6. 명도소송에 대하여	96

제4장
부동산경매에서 물권 이해하기

1. 물권과 채권	102
2. 물권의 종류	104
3. 지상권	105
4. 구분지상권	109
5. 법정지상권	111
6. 법정지상권 성립요건	116
7. 관습상의 법정지상권	121
8. 분묘기지권	124
9. 수목의 법정지상권	129
10. 지역권	134
11. 전세권	137
12. 저당권 및 근저당권	140
13. 질권	143
14. 유치권	145
15. 필요·유익비	154

CONTENTS

제5장
권리분석 시 확인사항

1. 권리분석 시 필수 확인사항	160
2. 지분물건 경·공매 시 유의사항	162
3. 공유자의 우선매수권과 우선매수신고	167
4. 대위변제	170
5. 제시외 건물	175
6. 토지별도등기	181
7. 대지권 미등기	183
8. 취득이 무효로 될 수 있는 재산	185
9. 가장임차인	188
10. 체납관리비	192
11. 공사중단된 토지, 맹지, 사도의 취득	194
12. 공장 또는 공장부지 경매 시 유의사항	196
13. 농지 경매 시 유의사항	200
14. 위반건축물 등의 건축물	204
15. 지목, 용도변경, 건폐율 및 용적률	206

제6장
권리분석 공식 이해하기

1. 권리의 순위정리 및 소액임차인 구분	212
2. 소멸권리 및 인수권리와 말소기준권리	215
3. 권리분석 공식	218
4. 용익물권의 특성과 인수되는 용익물권	220
5. 전세권과 주택·상가건물임대차보호법상 임차인 권리	222
6. 지상권의 소멸과 인수	224
7. 가압류	226
8. 가압류권자의 배당요구와 배당금지급	230
9. 가처분	232
10. 선순위 가처분등기가 있을 때의 권리분석	236

11. 가등기　　　　　　　　　　　　　　　　　　　238
12. 선순위 가등기가 있을 때의 권리분석　　　　　242
13. 예고등기　　　　　　　　　　　　　　　　　　246
14. 환매등기　　　　　　　　　　　　　　　　　　248
15. 선순위 환매등기가 있을 때의 권리분석　　　　250

제7장

임대차보호법 및 실전핵심 권리분석

1. 배당요구가 없는 대항력 있는 임차인　　　　　　254
2. 임차인이 점유권자로서 배당요구가 없는 경우　　257
3. 주택임대차보호법 지역·경과별 소액보증금　　　261
4. 상가건물임대차보호법 지역·경과별 한도환산보증금·
   소액환산보증금　　　　　　　　　　　　　　　263
5. 임대차보호법상 대항력과 최우선변제권　　　　　265
6. 전차인과 전차인의 보증금 회수　　　　　　　　　270
7. 경매신청 또는 배당요구가 없는 선순위 전세권　273
8. 경매신청 또는 배당요구를 한 선순위 전세권　　276
9. 법정지상권 권리분석　　　　　　　　　　　　　　279
10. 지역권 권리분석　　　　　　　　　　　　　　　283
11. 경매신청이나 배당요구가 없는 소유권이전청구권가등기　286
12. 제척기간이 도과된 소유권이전청구권가등기　　289
13. 경매신청이나 배당요구가 없는 선순위 가처분　292
14. 소멸되지 않는 후순위 가처분　　　　　　　　　297
15. 선순위라도 소멸시킬 수 있는 가처분등기　　　300
16. 유치권 권리분석　　　　　　　　　　　　　　　303
17. 환매기간이 남아있는 선순위 환매등기　　　　　307
18. 공유물분할을 위한 형식적 경매　　　　　　　　310

제1장

경매신청에서 매각준비까지

01 강제경매와 임의경매

법원의 강제경매나 임의경매는 채권자가 채무자의 재산을 경매를 통하여 제3자에게 처분하여 그 매각대금으로 자신의 채권을 회수하는 것이며, 강제경매와 임의경매는 실질적으로 경매신청절차에서만 차이가 있고, 경매를 집행함에 있어서는 민사집행법에 의해 이루어진다는 점에서는 차이가 없다.

강제경매

강제경매는 채무자가 대여금 혹은 물품대금 등을 약속한 날짜에 갚지 않을 때 채권자는 이를 변제받기 위하여 소송을 제기하여 법원으로부터 집행권원(* 결정문, 명령문 등과 같은 판결문, 확정판결과 동일한 효력을 가지는 조서, 채무자가 집행수락을 기재한 공정증서 등)을 확보한 채권자가 자신의 채권을 회수할 목적으로 경매를 신청한 것이다.

임의경매

임의경매는 저당권 등의 담보권을 가진 채권자에게 채무자가 채무를 변제하지 않으면 강제경매와는 달리 집행권원을 구하는 별도의 재판 없이 담보권자가 담보권실행을 위해 법원에 경매를 신청한 것인데, 법원은 등기부등본으로 담보권의 존재만 확인하고 결정함으로써 경매가 진행된다.

형식적 경매

- 공유물 분할을 위한 경매
    - 현물분할이 어려운 경우 공유물 분할을 위한 경매
    - 소유권 이외의 재산권 공유의 경우 분할을 위한 경매
    - 상속재산의 분할을 위한 경매

- 유치권자에 의한 경매
    - 우선변제권은 없으나 우선변제적 효력을 위한 경매

참고로 형식적 경매도 임의경매이고 형식적으로 경매가 진행될 뿐, 말소기준권리에 의하여 권리가 소멸되지 않고 인수되는 경우가 있을 수 있으므로 해당 경매계를 통하여 잘 확인한 후 입찰에 응해야 한다.

02. 매각(경매)절차

매각절차도

1. 경매신청 및 경매개시결정
- 경매비용예납
- 경매개시결정, 촉탁등기
- 압류효력의 발생
- 경매개시결정의 송달

2. 배당요구의 종기결정 및 공고
- 이해관계인의 채권신고, 배당요구
- 공과관청에 대한 최고 및 교부청구

3. 매각의 준비
- 집행관의 현황조사
- 감정평가사의 감정평가

4. 매각기일과 매각결정기일의 지정, 통지 및 공고
- 이해관계인에 대한 통지
- 일간신문 공고(* 매각 14일 전)
- 법원기록열람(* 매각 7일 전)

5. 매각(입찰)의 실시
- 경매일정 변동 확인
- 입찰개시 및 입찰표 제출
- 입찰마감 및 개찰
- * 유찰 시 새 매각(신경매)

6. 매각허부 결정 및 항고
- 매각기일부터 1주 이내 결정
- 즉시항고 및 재항고
- 대금납부기한일 지정
- * 불허가 시 새 매각

7. 매각대금의 납부 및 소유권이전 등기 등의 촉탁
- 대금납부(* 소유권 취득)
- 소유권이전등기
- * 대금미납 시 재매각(재경매)

8. 부동산 인도 및 명도소송
- 인도명령신청
- 명도소송
- 인도집행

9. 배당
- 배당표작성
- 배당실시
- 경매종료

* 집행비용의 예납

경매신청을 하는 때에는 채권자는 민사집행에 필요한 비용(* 부동산의 현황조사비, 감정비, 광고비, 송달료, 집행관 수수료 등에 드는 비용으로 집행비용은 매각되면 최우선적으로 배당받음)에 대한 대략의 계산액을 미리 납부해야 한다.

경매개시결정

강제경매신청서가 접수되면 통상 3일 이내에 집행법원은 신청서의 기재사항과 첨부서류에 의하여 강제집행의 요건, 집행개시요건 등에 관하여 형식적 심사(* 보통 서면에 의한 심리)를 하여, 신청이 적법하다고 인정되면 강제경매개시결정을 한다.

임의경매신청서가 접수된 경우 집행법원은 임의경매에 필요한 요건에 관하여 심사를 한 후 그 신청이 적법하다고 인정되면 임의경매개시결정을 한다.

강제경매·임의경매개시결정등기

법원이 경매개시결정을 하면 법원사무관 등은 즉시 그 사유를 등기부에 기입하도록 등기관에게 촉탁해야 하며, 이때 등기관은 경매개시결정사유를 기입해야 한다.

보통 경매개시결정등기는 경매신청 접수 후 2주일 이내에 경료하고, 등기관은 경매개시결정사유를 등기부에 기입한 후 그 등기부등본을 법원에 송부해야 한다.

경매개시결정 송달

"압류는 채무자에게 그 결정이 송달된 때 또는 경매개시결정등기가 된 때에 효력이 생긴다"라고 했으므로 채무자에 대한 경매개시결정의 송달은 경매절차 진행의 적법유효 요건이기 때문에 경매개시결정정본을 채무자에게 송달해야 한다.

임의경매의 경우에는 소유자에게도 송달해야 하나, 실무상은 대개의 경우 소유자와 채무자 모두에게 송달하고 있다. 그러나 채권자에 대해서도 경매개시결정정본을 송달(* 또는 매각기일의 통지)해야 하지만 송달하지 않고 경매를 진행해도 경매절차상의 하자로 보지 않는다.

* **공시송달의 효력발생시기**는 최초의 공시송달은 게시한 날로부터 2주일이 경과하면 그 효력이 생긴다. 다만 동일 당사자에 대한 그 후의 공시송달은 게시한 익일로부터 그 효력이 생긴다.

경매개시결정등기(* 압류)의 목적

경매개시결정등기의 목적은 제3자에 대하여 그 부동산에 관하여 압류가 되었다는 것을 공시함으로써 제3자로 하여금 그 등기 이후에 권리를 취득하더라도 경매신청인이나 매수인에게 대항할 수 없도록 하기 위함이다.

* **경매개시결정등기** 후의 지상권, 전세권, 지역권, 임차권등기, 소유권이전등기, 가등기, 가압류등기, 가처분등기 권리 등은 매수인에게 대

항할 수 없으며 말소의 대상이 되며, 경매개시결정등기 후에 주택인도와 주민등록을 마친 임차인도 매수인에게 대항할 수 없다.

매각절차상의 이해관계인(* 민사집행법 제90조)

- 채무자 및 소유자
- 공유물의 지분경매 시 공유자
- 압류채권자와 집행력 있는 정본에 의하여 배당을 요구한 채권자
- 등기부에 기입된 부동산 위의 권리자 : 경매개시결정등기 시에 이미 등기가 되어 등기부에 나타난 자로서 (근)저당권자, 전세권자, 임차권자, 지상권자, (근)저당채권의 질권자와 보전가등기권자(소유권이전청구권가등기권자), 담보가등기권자(소유권이전담보가등기권자)
- 부동산 위의 권리자로서 그 권리를 증명한 자 : 경매개시결정등기 전에 경매목적 부동산에 대하여 등기 없이도 제3자에게 대항할 수 있는 물권 또는 채권을 가진 법정지상권자, 유치권자, 점유권자, 특수지역권자, 건물등기 있는 토지임차인, 대항요건을 갖춘 임차인 등으로서 집행법원에 그 권리를 신고한 자

* **경매개시결정 기입등기 후**에 부동산에 관한 저당권을 취득한 자는 경매법원으로서는 이러한 사실을 알 수 없으므로 그 자는 민사소송법에 의하여 소정의 이해관계인 "등기부에 기입된 부동산 위의 권리자"가 아니고, 다만 그가 경매법원에 그러한 사실을 증명한 때에는 이해관계인 "부동산 위의 권리자로서 그 사실을 증명한 자"에 해당한다. (대판 1994. 9. 13. 선고 94마1342 [가])

이해관계인인 것 같으나 이해관계인이 아닌 자

가압류권자, 가처분권자, 명의신탁자와 종전의 최고가매수신고인, 집행권원 없는 배당요구자, 임차권등기 없는 토지임차인은 이해관계인이 아니다.

03 매각 방법

부동산의 매각은 집행법원이 정한 매각 방법에 따르며, 매각 방법은 매각기일에 입찰가를 호가하여 경쟁하는 호가입찰제(* 동산경매에서), 매각기일에 서면으로 입찰하고 개찰하는 기일입찰제, 입찰기간 이내에 서면으로 입찰하게 하여 매각기일에 개찰하는 기간입찰제가 있다.

일괄매각

일괄매각이란 개별매각의 상대적인 매각 방법으로서 1필지의 토지와 그 지상 건물을 함께 매각하거나, 수 개의 부동산(* 예를 들면, 지번이 다른 수 개의 농지 또는 위치·형태·이용관계와 유기적 일체성이 있는 수 개의 부동산)을 묶어서 입찰하게 하여 매각하는 방법이다.

1필지의 토지상에 있는 건물 1동을 별도로 분리하여 분할매각하는 것이 여러 면에서 불리하거나 또는 수 개의 부동산이 위치·형태·이용관계 등을 고려하여 객관적 또는 경제적으로 보아 일괄매각하는 것이 고가로 매각될 수도 있거나 동일인에게 일괄매수시키는 것이 합당하다고 판단하는 경우 법원은 직권으로 또는 이해관계인의 신청에 따라 일괄매각하도록 결정할 수 있다.

개별(분할)매각

개별매각이란 일괄매각의 상대적인 매각 방법으로서 1필지의 토지상에 있는 건물을 별도로 분리하여 토지와 건물에 대하여 각각의 최저매각가를 정하여 개별의 건으로 취급하여 매각한다든지 수개의 부동산을 개별로 분할하여 매각하는 방법이다.

* 동시매각의 원칙

같은 매각기일에 매각에 부쳐질 사건이 2건 이상이거나 경매목적부동산이 2개 이상인 경우에는 담합의 방지 및 자유로운 응찰을 보장하기 위하여 법원이 따로 정하지 아니한 이상 원칙적으로 각 부동산에 대한 매각을 동시에 실시한다.

04 매각(입찰)의 준비

환가준비절차로서 경매개시결정이 있게 되면 경매목적부동산을 매각하기 위하여 집행관으로 하여금 부동산의 현상, 점유관계, 보증금 및 차임, 기타 현황에 관하여 조사하게 하고, 감정평가사에게 부동산을 감정평가하게 하여 그 평가액을 기준으로 하여 최저매각가격(최저입찰가격)을 정함과 동시에 각종 최고와 통지 및 공고를 하는 등의 진행을 매각의 준비라고 한다.

채권자에 대한 최고

법원사무관 등은 경매개시결정등기 전에 등기된 가압류채권자 및 저당권·전세권, 그 밖의 우선변제청구권으로서 경매개시결정등기 전에 등기되었고 매각으로 소멸하는 것을 가진 채권자로 하여금 채권의 유무, 그 원인 및 액수(* 원금·이자·비용, 그 밖의 부대채권을 포함)를 배당요구종기일까지 법원에 신고하도록 최고해야 한다.

공과관청에 대한 최고

교부청구의 기회를 주기 위하여 조세, 그 밖의 공과금을 주관하는 공공기관에 대하여 채권의 유무, 그 원인 및 액수(* 원금·이자·비용, 그 밖의 부대채권을 포함)를 배당요구종기일까지 법원에 신고하도록 최고해야 한다.

현황조사

집행법원은 경매개시결정을 한 뒤에 바로 집행관에게 부동산의 현상, 점유관계, 차임 또는 보증금의 액수, 그 밖의 현황에 관하여 조사하도록 명해야 한다. 왜냐하면 경매목적부동산에 대한 현황을 공시하여 입찰예정자에게 정보로 제공할 필요가 있기 때문이다.

집행관이 부동산을 조사할 때에는 그 부동산에 대하여 규정된 조치를 할 수 있다. 즉 현황조사를 위하여 건물에 출입할 수 있고, 채무자 또는 건물을 점유하는 제3자에게 질문하거나 문서를 제시하도록 요구할 수 있다. 또한 건물에 출입하기 위하여 필요한 때에는 잠긴 문을 여는 등 적절한 처분을 할 수 있다.

감정평가 및 최저매각가격의 결정

집행법원은 감정인에게 부동산을 평가하게 하고 그 평가액을 참작하여 최저매각가격을 정해야 한다.

매각물건명세서

집행법원은 다음의 사항을 적은 매각물건명세서를 작성해야 한다.

- 부동산의 표시
- 부동산의 점유자와 점유의 권원, 점유할 수 있는 기간, 차임 또는 보

증금에 관한 관계인의 진술
- 등기된 부동산에 대한 권리 또는 가처분으로서 매각으로 효력을 잃지 아니 하는 것
- 매각에 따라 설정된 것으로 보게 되는 지상권의 개요

* 매각물건명세서 사본 등의 비치

법원은 매각물건명세서·현황조사보고서 및 평가서의 사본을 법원에 비치하여 누구든지 볼 수 있도록 해야 한다.

매각물건명세서·현황조사보고서 및 평가서의 사본은 매각기일마다 그 1주 전까지 법원에 비치해야 한다. 다만 법원은 상당하다고 인정하는 때에는 매각물건명세서·현황조사보고서 및 평가서의 기재내용을 전자통신매체로 공시함으로써 그 사본의 비치에 갈음할 수 있다.

* 법원열람서류의 공신력

법원서류인 현황조사서 및 감정서에는 공신력이 없다. 그러나 실무에서는 현황조사서 등의 기재 누락 등의 이유로 매각허가결정의 취소신청이나 매각대금반환 등을 요청할 수 있다.

* 경매정보지구독 및 인터넷 정보를 너무 맹신하는 것은 금물!

경매정보지를 신뢰하여 응찰한 경우 매각법원에 그 책임을 물을 수 없다.

05 매각기일·매각결정기일의 통지 및 공고

매각기일

경매법원이 목적부동산에 대하여 실제 매각을 실행하는 날이며, 매각 준비절차가 끝나면 담당판사의 판단에 따라 통상의 방법처럼 진행하는 기일입찰 방법과 일정 기간의 입찰기간을 정하여 입찰을 실시하는 기간입찰방법 중 하나를 택하여 매각기일 등을 지정하여 통지하고 공고한다.

매각결정기일

매각결정기일이란 집행법원이 매각기일 종료 후 7일 이내에 매각의 허가 또는 불허가를 결정하는 기일이다.

매각결정기일은 매각기일부터 1주 이내로 정해야 하며, 매각결정절차는 법원 안에서 진행해야 한다.

매각기일·매각결정기일의 통지

집행법원은 매각기일과 매각결정기일을 이해관계인에게 통지해야 하며, 통지는 집행기록에 표시된 이해관계인의 주소에 등기우편으로 발송할 수 있다.

공고

집행법원은 매각기일과 매각결정기일을 정하여 매각기일(* 기간입찰의 방법으로 진행하는 경우에는 입찰기간의 개시일)의 2주 전까지 공고한다.

민사집행절차에서 공고는 특별한 규정이 없으면 다음의 어느 하나의 방법으로 한다. 이 경우 필요하다고 인정하는 때에는 적당한 방법으로 공고사항의 요지를 공시할 수 있다.

- 법원게시판 게시
- 관보·공보 또는 신문 게재
- 전자통신매체를 이용한 공고

참고로 최초의 매각기일에 관한 공고는 그 요지를 신문에 게재하는 외에 속행사건과 함께 인터넷 법원경매정보 사이트(www.courtauction.go.kr)에 공고한다.

06 새매각과 재매각

새매각(신경매)

- 허가할 매수가격의 신고가 없이 매각기일이 최종적으로 마감된 때에는 잉여주의 규정에 어긋나지 아니하는 한도에서 법원은 최저매각가격을 상당히 낮추고 새 매각기일이 정해져서 매각절차가 다시 진행되는데, 이를 새매각이라 한다.
- 매수가격의 신고가 없는 때(* 유찰되었을 때)에는 보통 약 1개월 후인 다음 회차에 법원마다 20% 또는 30% 저감된 최저매각가로 새로이 진행된다.
- 새매각의 사유로는 경매가 유찰되어 허가할 매수신고가 없는 경우와 이의에 의한 매각불허가의 경우 등이 있다.

재매각(재경매)

- 매수인이 대금지급기한 또는 다시 정한 대금지급기한까지 그 의무를 완전히 이행하지 아니하였고, 차순위매수신고인이 없는 때에는 법원은 직권으로 부동산의 재매각을 명해야 한다.
- 재매각절차에도 종전에 정한 최저매각가격과 그 밖의 매각조건을 적용한다.
- 매수인이 재매각기일의 3일 전까지 대금, 그 지급기한이 지난 후부

터 지급일까지의 대금에 대한 이율 연 100분의 12(* 2019. 8. 2. 대법원규칙 개정)에 따른 지연이자와 절차비용을 지급한 때에는 재매각절차를 취소해야 한다. 이 경우 차순위매수신고인이 매각허가결정을 받았던 때에는 위 금액을 먼저 지급한 매수인이 매매목적물의 권리를 취득한다.

- 재매각절차에서는 종전의 매수인은 매수신청을 할 수 없으며 매수신청의 보증금을 돌려 줄 것을 요구하지 못한다.

07 배당요구 및 배당요구종기일

배당금의 의의

배당금이란 해당 부동산의 매각대금으로 각 채권자에게 채권의 몫을 나누어 주는 금액을 말한다.

배당절차의 의의

배당절차란 경매목적부동산의 매각으로 인한 매각대금을 채권자의 채권을 변제해주기 위하여 배당금 지급에 관한 일련의 과정을 말한다.

배당요구의 의의

배당요구란 배당요구종기일까지 경매사건에 관련된 이해관계인들에게 경매법원에 채권액을 신청하고 요구하는 것을 말하며, 집행력 있는 정본을 가진 채권자, 경매개시결정이 등기된 후에 가압류를 한 채권자, 민법·상법, 그 밖의 법률에 의하여 우선변제청구권이 있는 채권자는 배당요구를 할 수 있다.

배당요구종기일의 의의

배당요구종기일이란 경매목적물의 임차인과 채권자의 배당요구신청을 마감하는 날을 말한다.

배당요구의 종기결정 및 공고

- 경매개시결정에 따른 압류의 효력이 생긴 때(* 그 경매개시결정 전에 다른 경매개시결정이 있은 경우를 제외)에는 집행법원은 절차에 필요한 기간을 감안하여 배당요구를 할 수 있는 종기를 첫 매각기일 이전으로 정한다.
- 배당요구의 종기가 정하여진 때에는 법원은 경매개시결정을 한 취지 및 배당요구의 종기를 공고하고, 매각으로 소멸되지 않는 전세권자 및 법원에 알려진 집행력 있는 정본을 가진 채권자, 경매개시결정이 등기된 후에 가압류를 한 채권자, 민법·상법, 그 밖의 법률에 의하여 우선변제청구권이 있는 채권자에게 이를 고지해야 한다.
- 배당요구의 종기결정 및 공고는 경매개시결정에 따른 압류의 효력이 생긴 때부터 1주 이내에 해야 한다.
- 법원사무관 등은 첫 경매개시결정등기 전에 등기된 가압류채권자와 저당권·전세권, 그 밖의 우선변제청구권으로서 첫 경매개시결정등기 전에 등기되었고 매각으로 소멸하는 것을 가진 채권자 및 조세, 그 밖의 공과금을 주관하는 공공기관에 대하여 채권의 유무, 그 원인 및 액수(* 원금·이자·비용, 그 밖의 부대채권을 포함)를 배당요구의 종기까지 법원에 신고하도록 최고해야 한다.
- 첫 경매개시결정등기 전에 등기된 가압류채권자와 저당권·전세권, 그 밖의 우선변제청구권으로서 첫 경매개시결정등기 전에 등기되었고 매각으로 소멸하는 것을 가진 채권자가 최고에 대한 신고를 하지 아니한 때에는 그 채권자의 채권액은 등기사항증명서 등 집행기록에 있는 서류와 증빙에 따라 계산한다. 이 경우 다시 채권액을 추가하

지 못한다.

- 법원은 특별히 필요하다고 인정하는 경우에는 배당요구의 종기를 연기할 수 있고, 이때에 이미 배당요구 또는 채권신고를 한 사람에 대하여는 다시 고지 또는 최고를 하지 아니한다.

참고로 배당요구에 따라 매수인이 인수하여야 할 부담이 바뀌는 경우 배당요구를 한 채권자는 배당요구의 종기가 지난 뒤에 이를 철회하지 못한다.

배당요구를 하지 아니한 경우의 불이익

배당요구종기일까지 배당요구신청을 하라고 법원으로부터 통보가 오면 배당요구를 하지 않아도 배당을 받을 수 있는 채권자가 아닌 경우 반드시 배당요구종기일까지 배당요구를 해야 하는데, 제3자에게 대항할 수 있는 물권 또는 채권을 등기부에 등재하지 아니한 채권자(* 임차인 등)는 반드시 배당요구종기일까지 배당요구를 해야 배당을 받을 수 있다.

만약 배당요구종기일까지 배당요구를 해야 했을 채권자가 배당요구를 하지 않은 경우에는 배당에서 제외되며, 배당이의의 소도 제기할 수가 없고, 또한 이런 경우 자기보다 후순위 채권자로서 배당을 받은 자를 상대로 별도의 소송으로 부당이득반환청구를 하는 것도 허용되지 않는다.

08 임차인의 권리신고와 배당요구신청

권리신고의 의의

권리신고란 경매사건과 관련하여 자신이 권리가 있다는 것을 알리며 신고하는 것이다.

배당요구신청

배당요구는 채권자가 채무자의 재산으로부터 변제받을 수 있는 법률관계를 말하는 것이며, 배당요구를 함에 있어서는 채무자에 대한 청구채권의 종류와 변제기일 등 그 구체적인 내용과 원인채권증서 및 배당액수 등을 명시하여 집행법원에 신청해야 한다.

임차인의 권리신고 및 배당요구신청 시 첨부서류

임차인은 배당요구신청을 배당요구종기일까지 집행법원에 '권리신고 겸 배당요구신청서'와 다음의 첨부서류를 제출해야만 (최)우선변제권의 혜택을 받을 수 있다.

- 임대차계약서 사본 1부
- 주민등록등본(* 상가임차인의 경우 사업자등록증 사본) 1통
- 채권계산서(* 연체된 차임이 있는 경우 이를 공제한 보증금계산서) 1부

임차인 외 채권자별 배당요구신청 시 첨부서류

- 집행력 있는 정본에 의한 채권자 : 집행력 있는 정본 1부
- 가압류권자 : 가압류결정 등기부등본 1통
- 임금채권자 : 근로감독관청의 체불임금확인서 1부 및 근로소득세 원천징수 영수증 또는 급여 관련 증명서 1부

* 임차인의 배당요구신청

대항력과 확정일자를 구비한 임차인이 권리신고 및 배당요구신청을 했을 경우 임차보증금 중 배당받지 못한 금원은 매수인이 부담해야 하지만, 계약기간의 잔여 부분에 대해서는 책임지지 않는다. 왜냐하면 "배당요구신청을 했다"라고 함은 임대차계약의 해지의사로 보기 때문이다.

09 매각일정의 변동

정지
채권자 또는 이해관계인이 법원에 매각절차를 중지시키는 것을 말한다.

변경
매각절차를 밟는 도중에 새로운 사항의 추가, 매각조건의 변경, 권리의 변동 등으로 매각기일에 매각을 진행시킬 수 없을 때 그 매각기일을 바꾸는 것을 말한다.

연기
채무자, 소유자 또는 이해관계인의 신청과 동의하에 지정된 매각기일을 다음 기일로 미루는 것으로서 변경과 연기를 합쳐 '변연'이라고 한다.

취하
채무자가 빚을 갚아서 채권자가 매각신청 자체를 없었던 일로 하는 것을 말한다.

취소
경매원인이 소멸되는 등의 이유로 법원이 경매개시결정 자체를 취소하는 것을 말한다.

각하

각종 신청 시 절차나 형식이 부적법한 경우 법원이 매각처리하지 않는 조치를 말한다.

기각

경매신청의 절차나 요건은 형식적으로 갖추었으나 내용이 이유 없다고 인정될 때 법원이 경매신청 자체를 받아들이지 않는 조치를 말한다.

* 경매일정의 변동사항 확인

정상적으로 잘 진행되어 오고 있던 경매가 간혹 기다리던 매각기일에 입찰을 볼 수가 없는 상황일 때가 있다. 이는 해당 경매사건에 경매일정의 변동이 있기 때문인데, 따라서 입찰 전에는 대법원의 '법원경매정보'에 접속하여 '기일내역'에서 확인하고, 입찰 당일에는 경매법정의 게시판상에서 매각일정의 변동 여부를 확인해야 한다.

10 매각절차의 취소사유

법원직권의 취소사유

- **부동산 멸실**

  법원은 부동산의 멸실로 인하여 권리의 이전을 불가능하게 하는 사정이 명백하게 된 경우 매각절차를 취소해야 한다.

- **무익한 경매(* 잉여가망이 없을 때)**

  법원은 최저매각가격으로 압류채권자의 채권에 우선하는 부동산의 모든 부담과 절차비용을 변제하면 남을 것이 없겠다고 인정한 때에는 압류채권자에게 이를 통지해야 한다.

이때 압류채권자가 위의 통지를 받은 날부터 1주 이내에 압류채권자의 채권에 우선하는 부동산의 모든 부담과 비용을 변제하고 남을 만한 가격을 정하여 그 가격에 맞는 매수신고가 없을 때에는 자기가 그 가격으로 매수하겠다고 신청하면서 충분한 보증을 제공하지 아니하면 법원은 매각절차를 취소해야 한다. 또한 취소결정에 대해서는 즉시항고를 할 수 있다.

단, 이중경매일 경우에는 누가 먼저 경매신청을 했는지의 여부를 따져보는 것이 아니고, 경매신청채권자 중 배당순위가 우선하는 채권자를 기준으로 잉여의 가망 여부를 판단한다.

* **최저경매가격이 압류채권자의 채권에 우선하는 채권과 절차비용에 미달**함에도 불구하고 경매법원이 이를 간과하고 '잉여의 가망이 없을 경우의 경매취소'의 조치를 취하지 아니한 채 경매절차를 진행한 경우에, 최고가매수신고인의 매수가액이 우선채권 총액과 절차비용을 초과하는 한 그 절차 위반의 하자가 치유되지만, 그 매수가액이 우선채권 총액과 절차비용에 미달하는 때에는 경매법원은 경락을 불허가하는 결정을 해야 한다. (대판 1995. 12. 1. 선고 95마1143)

강제경매의 취소사유

- 집행판결 또는 그 가집행을 취소하는 취지나 강제집행을 허가하지 아니하거나 그 정지를 명하는 취지 또는 집행처분의 취소를 명한 취지를 기재한 집행력 있는 재판의 정본이 제출된 경우
- 집행을 면하기 위해 담보가 제공된 경우
- 집행할 판결 및 기타의 재판이 소의 취하, 기타 사유에 의하여 실효되었음을 증명하는 조서등본, 기타 법원사무관 등이 작성한 증서가 제출된 경우
- 강제집행을 하지 않는다는 취지나 강제집행의 신청이나 위임을 취하한다는 취지를 기재하는 화해조서의 정본 또는 공정증서의 정본이 제출된 경우

임의경매의 취소사유

- 담보권의 등기가 말소된 등기부등본이 제출된 경우
- 담보권 등기의 말소를 명하거나, 담보권이 없거나 소멸되었다는 취지의 확정판결의 정본이 제출된 경우
- 채권자가 담보권의 실행을 하지 아니하기로 하거나 경매신청을 취하하겠다는 서류가 제출된 경우

11　경매신청의 취하

경매를 취하할 수 있는 기간은 경매절차개시 효력발생일로부터 경매종결 시까지의 기간이다. 다시 말해서 최고가매수신고인이 매각대금을 납부하기 전까지는 채무를 변제하고 취하시킬 수 있다.

최고가매수신고인이 없는 경우의 취하 서류
- 경매취하서 2부
- 경매신청채권자 인감증명서 1통
- 변제증서 또는 합의서 1부

최고가매수신고인이 있고 동의가 있는 경우의 취하 서류
- 경매취하서 2부
- 경매신청채권자 인감증명서 1통
- 변제증서 또는 합의서 1부
- 최고가매수신고인 경매취하 동의서 1부
- 최고가매수신고인(* 차순위매수신고인 포함)의 인감증명서 1통

강제경매에서 매수인이 동의해주지 않는 경우의 취하

'청구에 관한 이의의 소'를 제기하는데, 소장에 변제공탁증서 사본을 첨부하고 집행법원에 제출

▼

'청구에 관한 이의의 소'를 제출 후 '소 제기증명원'을 발급

▼

'강제경매절차정지신청서'에 '소 제기증명원'을 첨부하여 집행법원에 제출

▼

집행법원으로부터 '강제집행정지 결정문'을 받아 담당 경매계에 접수

▼

'청구에 관한 이의의 소'의 승소판결에 대한 '확정판결문'을 담당 경매계에 제출하는 순으로 진행하면 경매는 취소

임의경매에서 매수인이 동의해주지 않는 경우의 취하

피담보채권과 예납된 집행비용을 변제공탁 후 담보권이 소멸된 등기부등본과 변제 공탁증서(* 채권청구액전액과 이자, 예납된 집행비용을 변제공탁한 후 발급 받은 증서)를 첨부하여 '경매개시결정에 대한 이의신청서'를 집행법원에 제출

▼

'경매개시결정에 대한 이의신청서'를 제출 후 '이의신청 제기증명원'을 발급

▼

'임의경매절차정지신청서'에 '이의신청제기증명원'을 첨부하여 집행법원에 제출

▼

집행법원으로부터 '경매절차정지결정문'을 받아 담당 경매계에 접수

▼

집행법원은 채권·채무자를 심문하거나 하여 그 결과에 따라 경매는 취소

제2장

입찰에서 소유권이전까지

01 채무자 등의 매수신청 금지

매수신청이 금지된 자들이나 입찰에 참여할 수 없는 자가 응찰하는 경우가 있다. 그러나 이들이 입찰에 참여하여 최고가매수신고를 하여도 입찰이 무효가 된다. 또한 대리입찰자가 대리입찰의 제한에 위배되어도 그 입찰이 무효가 된다.

매수신청 금지자

- 채무자. 단, 연대채무자, 연대보증인은 해당되지 않고, 공유자우선매수권은 없다.
- 매각절차에 관여한 집행관
- 매각부동산을 평가한 감정인(* 감정평가법인이 감정인인 때에는 그 감정평가법인 또는 소속 감정평가사)

입찰에 참여할 수 없는 자

- 매수신청이 금지된 자
- 재매각의 경우 종전 매수인(낙찰자)
- 무능력자(* 미성년자, 한정치산자, 금치산자). 단, 법정대리인은 가능
- 강제집행면탈 범죄자, 경매방해자, 공무집행방해 범죄자

대리입찰의 제한

- 동일물건에 대하여 입찰자는 동시에 다른 입찰자의 대리인이 될 수 없다.
- 동일물건에 동일인이 2인 이상의 다른 입찰자의 대리인이 될 수 없다. 단, 공동입찰의 경우에는 이러한 대리입찰의 제한이 없다.

02 입찰 시 준비서류

구분		준비물 및 준비서류
개인 입찰	본인	• 본인의 신분증(* 주민등록증 또는 운전면허증) • 본인의 도장
	대리인	• 대리인의 신분증(* 주민등록증 또는 운전면허증) • 대리인의 도장 • 본인의 인감 날인된 위임장 • 본인의 인감증명서
법인 입찰	법인	• 법인대표의 신분증(* 주민등록증 또는 운전면허증) • 법인의 인감도장 • 법인등기부등본 또는 초본 1통
	대리인	• 대리인의 신분증(* 주민등록증 또는 운전면허증) • 대리인의 도장 • 법인등기부등본 또는 초본 1통 • 법인의 인감 날인된 위임장 • 법인의 인감증명서
공동 입찰	공동 대리인	• 공동입찰자 전원의 신분증(* 주민등록증 또는 운전면허증) • 공동입찰자 전원의 도장
	대리인	• 대리인의 신분증(* 주민등록증 또는 운전면허증) • 대리인의 도장 • 공동입찰자 전원의 인감 날인된 위임장 • 공동입찰자 전원의 인감증명서

* 공통서류인 입찰봉투, 매각보증금봉투, 기일입찰표와 공동입찰 시 필요한 공동입찰신고서, 공동입찰자목록도 법정에서 무료로 배부한다.

03 매각(입찰)의 실시

매각기일(* 입찰 당일)에는 집행법원에서 이미 공고한 지정된 매각장소에서 매각을 실시하여 최고가매수신고인 및 차순위매수신고인을 정한다.

입찰장소

매각기일은 법원 안에서 진행(* 집행관은 법원의 허가를 얻어 다른 장소에서 매각기일을 진행할 수 있음)해야 하며, 기일입찰의 입찰장소에는 입찰자가 다른 사람이 알지 못하게 입찰표를 적을 수 있도록 설비를 갖추고 있다.

* 입찰법정의 질서유지

입찰법정에서는 입찰절차와 질서유지를 위하여 법원직원(* 서기관, 사무관, 주사, 주사보)들이 참가하여 입찰자들을 지도하면서 질서유지와 입찰부정행위(* 담합, 입찰방해 등)를 감시하고 있으며, 법원에 따라서는 무인감시 카메라를 작동하여 법정질서에 대해 신경을 쓰고 있다.

* 매각사건목록 및 매각물건명세서 등의 비치

매각기일에 집행관은 매각사건목록을 게시판(* 화이트보드 등)에 게재하고, 매각물건명세서·현황조사보고서 및 평가서의 사본을 매각장소에 비치하여 입찰자가 열람할 수 있도록 하고 있다.

입찰표 및 입찰봉투

입찰표 및 입찰봉투는 응찰자들이 자유롭게 사용하도록 매각장소에 비치하고 있으며, 그 외 공동입찰신고서 등의 필요한 서식은 필요자가 요구하면 배부해준다.

흰색 소봉투에는 매각보증금을 넣으며, 입찰봉투인 황색 대봉투에는 소봉투(* 매각보증금 봉투)와 입찰표를 함께 넣는다.

매각보증금(입찰보증금 : 매수신청보증금)

매각보증금은 현금, 자기앞수표(* 지급제시기간이 끝나는 날까지 5일 이상의 기간이 남아 있는 것) 또는 지급보증증서(* 서울보증보험회사 발행의 보증보험증권과 은행이 발행한 지급보증증서)로 제출할 수가 있는데, 자기앞수표의 경우 매각보증금이 원 단위까지 계산되게 될 때에는 가급적 원 단위까지 발행된 한 장의 수표로 제출하는 것이 좋다.

매각보증금은 특별매각조건으로 달리 정함이 없는 한(* 재입찰의 경우에는 매각보증금을 최저매각가격의 20~30%로 특별매각조건으로 정함) 최저매각가격의 10%이다.

* 매수신청보증금(입찰보증금)

2002. 7. 1. 이후 경매개시결정등기가 된 경매사건부터는 민사소송법이

아닌 민사집행법을 적용받았고, 민사집행법 시행이후부터 매수신청보증금(입찰보증금)을 입찰하고자하는 가격의 10분의 1이 아닌 최저매각가격의 10분의 1로 정하였다.

그리고 제출한 매수신청보증금이 최저매각가격의 10분의 1 미만일 때에는 그 입찰은 무효가 되지만, 매수신청보증금을 최저매각가격의 10분의 1 이상인 입찰은 유효하다.

입찰의 개시

매각기일에서의 매각절차는 집행관이 주재하는데, 입찰자들에게 입찰표의 기재요령을 설명하고 집행관의 고지사항을 고지한 후 매각물건에 대한 기록을 열람하게 한 후 입찰의 개시를 고지한다.

입찰개시는 보통 오전 10시~10시 30분경(* 개시시간이 경우에 따라서 다를 수 있음)에 하게 되는데, 집행관이 입찰을 최고하는 때에 입찰마감시각과 개찰시각을 고지하며, 입찰마감시간은 입찰표의 제출을 최고한 후 1시간 정도를 넘는 시간으로 한다.

입찰(투찰)

입찰표와 매수보증금은 입찰마감시간 내에 입찰봉투에 넣어 투찰하는데, 투찰 직전에 입찰봉투(* 황색 대봉투)의 상단의 절취선 있는 부분의 '입찰자용 수취증'을 집행관으로부터 날인받아 교부받은 후에 입찰봉투를 집행관의 면전에서 입찰함(* 투명 아크릴 함)에 넣는다.

일단 제출한 입찰봉투는 다시 돌려받을 수가 없으므로 한 번 제출된 입찰표는 취소하거나 변경 또는 교환할 수가 없다. 또한 동일 입찰자가 동일 사건에 대하여 두 번을 입찰할 수가 없다.

* 공동입찰 시 유의사항

- 2인 이상이 공동으로 입찰할 때에는 입찰표 외에 공동입찰신고서와 공동입찰자목록(* 당일 법정에서 배부)도 함께 제출해야 한다.
- 공동입찰신고서에는 사건번호 및 물건번호를 기재하고, 공동입찰자목록에는 입찰자의 전원의 성명, 주소, 주민번호, 전화번호를 기재하고 공동입찰자의 각 지분도 명확히 기재해야 한다.
- 공동입찰신고서와 공동입찰자목록 사이에는 공동입찰자 전원이 간인해야 한다.
- 대리인 입찰 시에는 공동입찰자 전원의 인감이 날인된 위임장과 공동입찰자 전원의 인감증명서가 필요하다.

입찰의 마감 및 개찰

입찰을 마감하면 지체 없이 입찰표를 개봉, 즉 개찰을 실시하는데, 집행관은 입찰표를 개봉할 때에 입찰을 한 사람을 참여시켜야 한다. 만약 입찰을 한 사람이 아무도 참여하지 아니하는 때에는 적당하다고 인정하는 사람을 참여시켜야 한다.

집행관은 입찰표를 개봉할 때에 입찰목적물, 입찰자의 이름 및 입찰가격을 호창해야 한다.

최고가매수신고인 결정

개찰결과 무효의 사유 없이 최고의 가격으로 매수신고한 자를 최고가매수신고인으로 결정한다.

만약 최고가매수신고를 한 사람이 둘 이상인 때에는 집행관은 그 사람들에게 다시 입찰하게 하여 최고가매수신고인을 정한다. 이 경우 입찰자는 전의 입찰가격에 못 미치는 가격으로는 입찰할 수 없다.

또한 다시 입찰하는 경우에 입찰자 모두가 입찰에 응하지 아니하거나(* 전의 입찰가격에 못 미치는 가격으로 입찰한 경우에는 입찰에 응하지 아니한 것으로 봄) 두 사람 이상이 다시 최고의 가격으로 입찰한 때에는 추첨으로 최고가매수신고인을 정하며, 추첨을 하는 경우 입찰자가 출석하지 아니하거나 추첨을 하지 아니하는 때에는 집행관은 법원사무관 등 적당하다고 인정하는 사람으로 하여금 대신 추첨하게 한다.

차순위매수신고인 결정

최고가매수신고인 외의 매수신고인은 매각기일을 마칠 때까지 집행관에게 최고가매수신고인이 대금지급기한까지 그 의무를 이행하지 아니하면 자기의 매수신고에 대하여 매각을 허가해 달라는 취지의 신고(* 차순위매수신고)를 할 수 있다.

집행관은 최고가매수신고인의 성명과 그 가격을 부르고 차순위매수신고를 최고하는데, 이때 차순위매수신고를 원하는 자는 즉시 거수하거나 그 의사표시를 하면 되고, 차순위매수신고는 그 신고액이 최고가매수신고액에서 그 보증액을 뺀 금액을 넘는 때에만 할 수 있다.

차순위매수신고를 한 사람이 둘 이상인 때에는 신고한 매수가격이 높은 사람을 차순위매수신고인으로 정한다. 신고한 매수가격이 같은 때에는 추첨으로 차순위매수신고인을 정한다.

* 차순위매수신고 시 유의사항

차순위매수신고인도 최고가매수신고인과 마찬가지로 입찰보증금은 반환받지 못하게 되며, 최고가매수신고인에 국한된 사유로 최고가매수신고인에게 매각이 불허가 되거나 최고가매수신고인이 매각대금을 납부하지 않을 경우 새로 입찰절차를 거치지 아니하고 곧바로 차순위매수신고인에게 매각허가를 한다는 점에서는 차순위매수신고를 할 필요가 있겠다.

그러나 차순위매수신고를 할 때에는 심사숙고해야 한다. 왜냐하면 차순위매수신고는 최고가매수신고인이 매각결정기일에 매각허가를 받고 대금납부기한일까지 대금을 납부하면 종료되는 것이고, 그러면 차순위매수신고인은 아무런 실익 없이 신고보증금만 일정기간 동안 묶이는 결과를 낳을 수 있기 때문이다.

입찰조서 작성과 매각보증금 영수증 교부

최고가매수신고인(* 차순위매수신고인 포함)은 '입찰조서' 등에 주민등록증과 대조한 후 서명·날인하며, 집행관이 발행하는 '매각보증금 영수증'을 교부한다.

매각보증금의 반환

집행관의 매각기일 종결이 고지되면, 최고가매수신고인(* 차순위매수신고인 포함) 이외의 입찰자들은 입찰봉투 투찰 시 교부받은 '입찰자용 수취증'을 제출하여 입찰법정 즉석에서 입찰보증금을 반환받는다.

04 성공적인 입찰·낙찰을 위해 반드시 지켜야 할 3원칙

인수권리가 무엇인지를 몰라서 입찰에서 낙찰을 받았으나 잔금납부를 포기하고 입찰보증금을 몰수당하거나, 매각대금납부 후까지도 이의 사실을 모르고 있다가 인수하게 된 권리를 해결하기 위하여 경제적 손실을 보게 되거나 하는 것을 피하기 위해서는 입찰을 보기 전에 반드시 다음의 3가지(* 지물권, 지물건, 지매수)를 검토하고 확인하는 것이 절대적 원칙이다. 따라서 이것들 중에 어느 하나라도 실수가 있다면 경매 낙찰이 성공적인 결과를 낳을 수 없을 것이다.

지물권(知物權)

- **대항력 있는 임차인의 유무 확인**

    주택임대차보호법이나 상가건물임대차보호법에 대해서는 자주 듣거나 행해본 적이 있어서 간단하게 생각할 수 있으나 무척 복잡해서 법적 다툼이나 자주 일어나고 있는 법률이기 때문에 그 내용을 정확하게 알고 있어야 한다.

- **유치권 확인**

    유치권이 주장된 건물 중에는 공사 노무자들이 노동임금을 제대로 못 받고 공사를 진행한 탓에 건축에 하자가 많이 있는 물건이 많아서 저렴하게 취득하였다 하더라도 나중에 다시 보수공사를 해야 하는 일이 빈번하기도 하므로 무작정 저렴하다는 이유만으로 입찰을 보는 것은 곤란하다.

• **법정지상권 확인**

토지만의 매각에서 해당 토지상에 토지소유자가 축조한 건물인지, 아니면 타인이 법적 권원이 없이 지은 건물인지를 따져보는 등, 법정지상권이 성립이 되는 건물인지를 확인해본 후 입찰을 해야 한다. 그렇지 않으면 자신이 낙찰받은 토지상에 법정지상권이 성립되는 부동산이 있게 된다면 매수 후 토지의 활용에 많은 제약이 따르게 될 것이다.

• **기타 인수권리 등 확인**

지물건(知物件)

- 부동산물건에 대하여는 반드시 직접 현장에 가서 등기부와 건축물관리대장과 대조하면서 그 일치 여부를 현장조사로 확인 및 위반건축물 여부 확인
- 부동산물건의 하자 점검 : 탐문, 감정서류 등의 점검과 육안으로 확인
- 집합건물인 경우 체납관리비 확인 : 관리실 방문, 공실 여부 및 체납관리비 확인
- 민원발생 여부 확인
- 권리분석 시 확인사항 점검과 확인

참고로 중개사무소를 한 곳만 방문하여 정보를 취득하게 되면 잘된 정보를 얻게 되는 것인지, 아니면 잘못된 정보를 얻는 것인지를 판단할 수 없기 때문에 반드시 두 세 곳 이상의 중개사무소를 통해 매매·임대시세와 거래빈도 정도 등을 확인해야 한다.

지매수(知買收)

지물권을 잘 하였다면 지물건을 통하여 조사한 시세를 감안하여 마지막으로 입찰장에서 해야 할 일만 남았다.

입찰가격 결정 시 입찰장의 분위기에 편승하면 안 된다. 입찰장에 사람이 많이 모여서 발을 디딜 틈도 없는 경우 많은 사람이 자신이 입찰하려는 물건에 응찰을 하게 될 것이라고 판단하게 되고, 반대로 입찰장이 다소 썰렁하면 자신이 볼 물건에는 응찰자가 거의 없을 것이라고 판단하게 된다. 이런 입찰장의 분위기에 따라서 입찰가격을 결정하다가는 무리한 높은 가격으로 낙찰받게 되거나, 아니면 가격을 낮추어서 낙찰을 못 받는 경우들로 인하여 속상해하는 입찰자를 종종 볼 수 있다.

그렇기 때문에 입찰장의 분위기보다는 자신이 지물건할 때 매매시세와 임대시세 등에 대해 취득한 정보에 기초해서 일반 부동산 시세보다는 저렴하게, 그리고 터무니없이 높은 금액이지 않은 합리적인 가격으로 입찰을 보는 것이 최선이다.

참고로 대항력이 있다거나, 유치권 주장이 있다거나, 법정지상권 성립이 불분명하다거나, 지분물건이거나, 대지권 미등기이거나, 맹지이거나, 위반건축물이거나, 말소되지 않는 권리가 있다거나 하는 등등의 다소 특수한 물건인 경우는 대부분 낮은 가격으로 낙찰되거나 응찰자 수가 적은 경향이 있다. 그리고 경제가 침체하고 있으면 저가로 낙찰되고, 부동산경기가 상승하면 응찰자 수도 많고 높은 가격으로 낙찰되며, 언제나 수요가 있는 곳인 역세권, 대형 개발지역, 뜨고 있는 재건축·재개발 지역은 감정가 이상의 가격으로 낙찰되는 경향이 있다.

감정평가에 나온 가격보다는 항상 현재의 시세 확인이 무엇보다 중요하다. 왜냐하면 감정평가한 시점에서의 시세가 입찰을 보게 되는 지금의 시세와는 가격이 많이 차이 날 수 있기 때문이다.

05 입찰표 작성 시 유의사항

입찰표 작성

- 입찰표에 금액을 기입하는 란은 우측 부분에는 보증금액란이 있고 좌측에는 입찰가격(입찰가액)란이 있는데, 양쪽의 란에 금액은 금액 표시(₩) 없이 해당 금액 콤마표시(,) 없이 아라비아 숫자만 기입해야 하고, 보증금액란에는 특별매각조건으로 별도의 입찰보증금을 정하지 않은 한 입찰 입찰보증금은 최저매각가의 10%만 기재하면 되고, 입찰가격란에는 입찰할 가격 금액을 금액 단위 아래의 칸에 아라비아 숫자만 기입하면 된다.
- 보증금액란은 수정이 가능하다. 그러나 입찰가격란에서는 숫자를 덧대어 쓰거나 날인을 하고 정정하면 무효로 처리되므로 이때에는 반드시 새로운 용지에 재작성해서 제출해야 한다.

입찰표 작성 시 유의사항

입찰표 작성 시 단위를 올려 쓰는 것을 매우 조심해야 한다. 만약 '억' 단위 밑에서 숫자를 쓴다는 것이 '십억' 단위 밑에서 숫자를 쓰게 되면, 예를 들어 5억 원에 입찰을 본다고 '억' 단위 밑에 숫자 5를 기재한다고 하는 것이 '십억' 단위 밑에 숫자 5를 기재하면 50억 원으로 입찰하게 된 것이 되어 유효한 입찰이 되고 최고가매수신고인이 될 것이다. 이렇게 되면 최고가매수신고인은 대금납부를 포기해야 할 것이다. 왜냐하면 시세가 5억 원 정도가 되는 부동산을 50억 원에 낙찰받으면 어느 낙찰자가 잔금을 납부하겠는가? 이런 금액단위 올려 쓰기로 인하여 낙찰받는 경우를 입찰장에서는 간혹 보게 되니 입찰자들은 조심해야 한다.

그러므로 이런 실수를 예방하기 위해서는 입찰표 기재 시 쓰지 않아야 하는 금액 단위를 손가락 등으로 가린 후 가격을 쓸 것을 권장한다. 또한 마지막 끝 단위(* 마지막 칸)인 '일' 원 단위까지 숫자를 기재하지 않으면 입찰이 무효처리가 된다.

참고로 당일의 입찰표 작성에서 앞서 설명한 실수를 하지 않기 위해서는 대법원의 〈법원경매정보〉 사이트의 〈경매지식〉, 〈경매서식〉 카테고리에 접속한 후 '기일입찰표' 서식을 프린터로 출력하여 미리 작성한 후 검토하고 지참하였다가 입찰당일의 입찰장에서 매각보증금 봉투와 입찰봉투(* 황색 대봉투)를 교부받아서 입찰하면 된다. 만약 대리인 자격으로 입찰을 하게 된다면 '위임장'까지 출력하여 미리 작성해두면 좋다. 대리인 입찰 시 위임장을 작성할 때에는 본인의 인감이 필요하고 본인의 인감증명서가 첨부되어야 한다.

그리고 입찰 당일 교부받은 봉투의 겉봉 등에 입찰할 사건번호 등을 기재해야 하고, 매각보증금봉투에는 입찰보증금을 넣고 입찰봉투에는 작성해둔 입찰표와 보증금봉투를 함께 입찰봉투에 넣으면 입찰이 종료된다.

끝으로 경·공매부동산은 공인중개사의 조언을 듣고 거래하는 일반 부동산매매와는 달리 전문적인 법적 지식이 없는 한 전문가와의 상담을 가볍게 생각하다가는 매우 큰 실수를 낳기 마련인데, 임차인의 배당요구신청 유무나 그 일자와 임차보증금액 등의 경매사건관련 정보는 반드시 대법원의 '법원경매정보' 사이트에서 확인한 후 입찰을 해야 한다.

* 입찰법정에서 비치해 놓고 있는 양식 및 서류

- 입찰봉투
- 매각보증금봉투
- 기일 입찰표
- 위임장
- 공동입찰 신고서
- 공동입찰자 목록

06 입찰이 무효가 되는 경우

입찰 및 입찰표 작성에서의 무효사항

- 매수신청이 금지된 자가 응찰한 경우
- 입찰에 참여할 수가 없는 자가 응찰한 경우
- 입찰가액이 최저매각가격 미만인 경우
- 입찰보증금이 부족한 경우
- 입찰가액란의 금액 기재를 수정한 경우
- 자격을 증명하는 문서를 제출하지 아니한 경우
    - 대리인 입찰 시 위임장, 본인의 인감증명을 첨부하지 아니한 경우
    - 법인 응찰 시 법인 등기부등본 또는 초본을 제출하지 아니한 경우
- 동일사건에 대하여 입찰자이면서 대리인이 되거나 2인 이상을 대리하는 경우
- 한 장의 입찰표에 수 개의 사건번호나 수 개의 물건번호를 기재한 경우
- 분할매각 시 그 물건번호를 정확히 기재하지 아니한 경우
- 입찰표에 날인 또는 무인하지 아니한 경우

기간입찰에서의 추가적 무효사항

- 보통우편 접수와 마감일 이후의 접수

- 입찰봉투 및 입찰표에 매각기일 미기재
- 집행관 또는 그 사무원 이외의 자에 대한 입찰서류 등의 제출

* 입찰표 기재 시 유의사항

입찰표를 잘못 기재한 경우에는 정정인을 날인한 후 수정해야 한다. 그러나 입찰금액란의 금액 기재를 수정한 때에는 무효처리가 된다.

따라서 입찰금액란을 잘못 기재하였을 경우에는 반드시 용지를 새로 교부받아 다시 작성해야 한다.

07 매각허부결정 및 매각불허가 사유

매각허부결정

집행법원은 최고가매수신고인이 있는 경매사건에 한하여 매각결정기일에 이해관계인에게 의견을 진술하게 한 후 이를 참고로 하는 외에 직권으로 매각불허가사유 유무를 기록에 의하여 조사한 후 매각허부결정을 한다.

그러나 실무상으로는 이해관계인들에게 구두로 의견을 진술할 기회가 주어지는 것은 아니며, 매각허부결정에 대한 의견이 있는 이해관계인만 서면으로 의견을 제출하고 있는 실정이다.

매각결정기일에 매수인은 출석할 필요가 없고, 매각허부에 대한 결정은 입찰법정에서는 선고만 할뿐이고, 매수인과 이해관계인에게 이를 통보하지는 않는다. 그러나 매각불허결정이 나는 경우에는 매수인에게 이의 사실을 통보한다.

또한 매각허부의 결정에 대하여 이해관계인은 7일 이내에 즉시항고할 수 있는데, 매각허부에 대한 결정이 선고된 후 이해관계인, 매수인, 임차인 등이 이 기간 내에 항고하지 않으면 매각허부에 대한 결정이 확정된다.

경매실무상 자주 발생하는 매각불허가 사유

- 매수인자격과 관련 : 매수신청 금지자, 입찰에 참여할 수 없는 자 등
- 입찰가격과 관련 : 잉여가망 여부, 과잉경매 여부 등
- 매각물건명세서상 중대한 흠과 관련 : 선순위임차인의 누락, 법원기록과 부동산목록의 불일치 등
- 특별매각조건의 준수 관련 : 농지취득자격증명 미제출 등
- 소유자에 대한 경매개시결정통지의 미송달
- 입찰표의 입찰가액란 기재 등과 관련 : 금액수정 등
- 매각기일종료 후 매각결정기일 전에 집행정지결정 정본이 제출된 경우

08 즉시항고

즉시항고의 의의

항고란 원래 소송절차에 관한 신청을 기각한 결정이나 명령에 대하여 불복하는 방법을 말하며, 즉시항고란 보통항고에 대립되는 것으로서 재판의 성질상 신속히 확정지어야 할 결정에 대하여 개별적으로 인정되는 불복신청 방법이다.

즉시항고 기간

항고는 매각허가결정 또는 매각불허가결정을 고지한 날로부터 7일 내에 제기해야 하는데, 매각허가결정은 이를 선고한 때에 고지의 효력이 발생하므로 이 7일의 기간은 일률적으로 정해진다. 다만 당사자가 책임질 수 없는 사유로 인하여 불변기간 내에 즉시항고를 하지 못한 경우에는 그 사유가 없어진 날로부터 2주일 이내에 항고(* 추완즉시항고)를 할 수 있다.

* 기간의 기산점과 만료

- **초일 불산입**

  기간을 일, 주, 월 또는 년으로 정한 때에는 기간의 초일은 산입하지 않는다. 다만 그 기간이 오전 0시로부터 시작하는 때에는 그러하지 않다.

- **말일공휴일 불산입**

  기간의 말일이 공휴일에 해당하는 때의 기간은 그 익일로 만료한다.

  예 매각결정기일이 1일이라면 즉시항고기간(* 7일 이내)의 말일(* 만료일)은 8일이 되며, 기간의 말일인 8일이 공휴일인 경우에는 9일이 말일이 된다.

즉시항고권자
- **이해관계인** : 이해관계인은 매각허가 또는 불허가결정에 의하여 손해를 받은 경우에 그 결정에 대하여 즉시항고를 할 수 있다.
- **매수신고인** : 매각허가의 이유가 없거나 결정에 기재한 이외의 조건으로 허가를 주장하는 매수인 또는 매각허가를 주장하는 매수신고인도 항고할 수 있다.

* 즉시항고 절차상 이해관계인이 아닌 자
- 매각허가결정이 있은 후에 즉시 항고장을 제출하면서 경매개시결정 등기 후에 저당권이나 소유권을 취득한 사실을 증명하는 서류를 제출한 자는 이해관계인이라 할 수 없다.
- 가압류권자, 가처분권자는 이해관계인이 아니다.
- 등기부상 소유자로 등기되어 있지 않지만 경매부동산이 채무자의 소유가 아니라고 주장하는 자도 매각허가결정에 대하여 항고할 수 없다.
- 매수신고인이 항고의 이익을 가지는 것은 자기가 적법한 최고가매수신고인임을 주장하여 자기에게 매각을 허가하여 달라는 것을 주장

하는 경우에 한정된다. 따라서 이 경우의 항고권자는 매각결정기일에 집행관으로부터 최고가매수신고인으로 호창된 자나 그러한 호창을 받았어야 했던 자에 한정되고, 매수신고를 하지 않은 자 또는 매수신고를 했으나 보증금을 찾아간 자는 항고권자가 될 수 없다. 단, 항고권자의 채권자가 채권자 대위권에 의하여 항고할 수 있다.

즉시항고의 효력

강제집행절차에서 즉시항고는 집행정지의 효력은 없다. 다만 매각허가결정은 확정이 되어야만 그 효력이 발생하는 것인데, 즉시항고 자체가 그 확정을 차단하는 역할을 하므로 집행정지의 효력이 발생하는 것과 같은 효과가 있다.

따라서 즉시항고가 이유 있다고 판단될 때에는 매각허가결정이 확정되지 않으므로 즉시항고에 대한 확정이 있을 때까지 매각대금납부나 배당 등의 매각절차가 정지되고 항고에 따른 재판이 진행된다.

항고보증금 공탁

매각허가결정에 대한 항고는 이 법에 규정한 매각허가에 대한 이의신청 사유가 있다거나 그 결정절차에 중대한 잘못이 있는 때에만 할 수 있으며, 매각허가결정에 대하여 항고를 하고자 하는 사람은 보증으로 매각대금의 10%에 해당하는 금전 또는 법원이 인정한 유가증권을 공탁해야 한다.

09 매각대금의 납부

매각대금납부기한일 통지

매각허가결정이 확정되고 항고기간이 지나도록 항고가 없을 때에는 집행법원은 송달기간을 감안하여 2~3주 내로 대금의 지급기한을 정하고, 이를 최고가매수신고인과 차순위매수신고인에게 통지해야 하며, 매수인은 대금지급기한까지 매각대금을 지급해야 한다.

대금납부 기한

매각대금지급기한일 통지서에 정해진 매각대금지급기한 내에 언제든지 대금을 납부할 수 있다.

매각대금 납부(* 대납)

대금은 지정된 기한 내에 집행법원에서 발급하는 납부명령서와 함께 은행에 납부해야 한다. 매수신청의 보증으로 제공한 금전은 매각대금에 넣는데, 매수신청의 보증으로 금전 외의 것이 제공된 경우로서 매수인이 매각대금 중 보증액을 뺀 나머지 금액만을 낸 때에는 법원은 보증을 현금화하여 그 비용을 뺀 금액을 보증액에 해당하는 매각대금 및 이에 대한 지연이자(* 연 12%)에 충당하고, 모자라는 금액이 있으면 다시 대금지급기한을 정하여 매수인으로 하여금 납부하게 한다.

참고로 보증보험증권으로 입찰한 경우는 매수신고가격 전액을 매각대금으로 납부해야 한다.

매각대금 납부의 효력
매수인은 매각대금을 완납한 때에는 소유권이전등기를 하지 않은 상태라도 경매목적부동산의 소유권을 취득한다. 따라서 차순매수신고인은 신고보증금을 즉시 반환받을 수 있다.

그리고 기존 건축물에 부합된 증축부분이 기존 건물에 대한 경매절차에서 경매목적물로 평가되지 아니한 경우에도 매수인이 증축부분의 소유권을 취득한다.

* 매각대금 납부절차
- 법원보관금 납부명령서 수령 : 해당 경매계에서 수령
- 법원보관금 납부명령서 접수 : 납부명령서를 보관금 접수계에 접수
- 법원보관금 영수증 수령 : 지정은행에 납부서 제출과 대금납부
- 법원보관금 영수증 및 완납증명서 2통 제출 : 해당 경매계에 제출
- 매각대금완납증명서 발급 : 해당 경매계에서 발급

* 경매와 공매가 동시 진행되는 경우 소유자의 결정
국세체납에 의한 압류등기는 국세체납처분에 의한 공매와 강제·임의경매절차는 각기 독자적으로 진행할 수 있으며, 양 절차 중 먼저 진행된 절차에서 소유권을 매수한 자가 진정한 소유자로 확정된다.

10 상계 등의 특별한 대금납부 방법

상계의 의의

상계란 채권액과 채무액을 서로 계산하여 차감정리를 하여 정산한다는 뜻이며, 상계로 배당받아야 할 금액을 제외한 대금을 납부할 수 있다.

배당받을 채권자가 동시에 매수인인 경우 매수인은 자기가 수령할 배당액과 매각대금을 배당액에서 상계할 수 있는데, 매각결정기일이 끝날 때까지 법원에 신고하고 허가를 득해야만 배당받아야 할 금액을 제외한 대금을 배당기일에 납부할 수 있다.

그리고 상계허가 시 매각대금납부기일은 배당지급일과 같은 날짜로 되고, 법원은 이를 통지해야 한다.

단, 매수인이 인수한 채무나 배당받아야 할 금액에 대하여 이의가 제기된 때에는 매수인은 배당기일이 끝날 때까지 이에 해당하는 대금을 납부해야 한다.

상계의 용이성

채권자가 매수인이 된 때에는 상계신청을 하여 대금납부에 소요되는 금액을 채권액만큼 덜 준비해도 될 것이다.

상계신청 시 필요서류

- 주민등록등본 1부
- 채권증명서류(* 임대차계약서 사본 등) 1부
- 주민등록증
- 도장

관계채권자의 승낙에 의한 대금납부

매수인은 매각조건에 따라 부동산의 부담을 인수하는 외에 배당표의 실시에 관하여 매각대금의 한도에서 관계채권자의 승낙이 있으면 대금의 지급에 갈음하여 채무를 인수할 수 있다.

11 매각대금 미납 시 법원의 조치

최고가매수신고인의 매각대금 미납 시 법원은 차순위매수신고인이 있는 경우에는 그에 따른 절차를 진행하고, 그렇지 않은 경우에는 재매각절차를 진행한다.

차순위매수신고인에 대한 매각허·부결정

최고가매수신고인이 대금납부기한일까지 대금납부를 하지 않으면 재매각절차를 진행하게 되는데, 차순위매수신고인이 있는 경우에는 차순위매수신고인에 대한 매각허가결정기일을 새로이 정한 후 그 매각허·부결정을 한다.

재매각의 의의

재매각이란 법원이 정한 대금지급기한까지 매수인(* 차순위매수신고인 포함)이 매각대금을 완납하지 않는 경우 법원이 직권으로 다시 실시하는 매각을 말한다.

재매각절차 진행 중 매각대금납부

재매각절차가 진행 중일 때에는 재매각기일로 지정된 날의 3일 전까지 '매각대금납입신고서'를 제출하고, 매각대금과 연 12%의 지연이자 및 절차비용을 납부하면 유효(* 매각대금납부의 효과가 발생)하다.

만약 차순위매수신고인이 있고 최고가매수신고인은 대금납부기한일까지 대금을 미납하고 있는 경우, 차순위매수신고인이 매각허가결정을 받으면 차순위매수신고인이 새로운 매수신고인으로 우선하게 되고, 그 이전의 단계에서는 최고가매수신고인이 우선하여 대금을 납부할 수가 있다.

재매각 사유
- 매각대금을 마련하지 못하여 대금납부를 못한 경우
- 권리분석의 실패로 인수권리에 대한 추가부담이 발생할 경우
- 매수신고한 부동산의 실제 가치가 매수신고가격보다 현저히 낮을 경우

* 대금미납으로 재매각될 경우 입찰보증금은 몰취

재매각에서는 종전 매수인(* 차순위매수신고인 포함)은 당해 경매사건에 다시 입찰참가를 할 수 없으며, 매각대금의 미납으로 재매각되면 최고가매수신고인(* 차순위매수신고인 포함)이 납입한 입찰보증금은 몰취되어 배당재원으로 충당된다.

12 소유권이전등기

경매취득을 원인으로 하는 경매목적부동산에 대한 소유권이전등기는 공동신청주의의 예외적 등기로서 일반등기와 다르게 대금을 납부한 매수인 단독신청에 의해 집행법원의 촉탁등기명령에 의하여 경료되는 등기이다.

말소 및 소유권이전 촉탁등기

- 촉탁등기신청 : 송달료, 증지, 말소등기 비용 및 소유권이전등기 비용 등 납부, 매각대금납부일로부터 60일 내에 집행법원에 신청
- 등기촉탁명령 : 집행법원에서 등기관에게 말소·소유권이전등기 촉탁
- 말소대상 등기 말소 및 소유권이전등기 : 등기소에서 말소·소유권이전등기를 한 후 등기부를 집행법원으로 송부
- 조세납부 및 국민주택채권매입 : 등록세(* 말소 포함), 교육세(* 말소 포함) 및 채권 매입. 단, 취득세(* 농어촌특별세 포함)는 매각대금납입일로부터 30일 이내에 납부

말소 및 소유권이전 촉탁등기 구비서류

- 매각대금완납 증명원 1부 : 해당 경매계
- 매각허가결정문을 1부 : 해당 경매계

- 부동산목록 1부 : 해당 경매계에서 열람 복사
- 부동산등기부등본 1통 : 등기소
- 주민등록등본 1통 : 민원센터 또는 시·군·구청
- 건축물관리대장 2통(* 사본 각 1통 포함) : 민원센터 또는 시·군·구청
- 토지대장 2통(* 사본 각 1통 포함) : 민원센터 또는 시·군·구청
- 공시지가확인원 1통 : 민원센터 또는 시·군·구청
- 등록세 영수증(* 이전, 말소) : 시·군·구청
- 수입증지 : 이전 15,000원, 말소 1건당 3,000원(* 토지, 건물 각각) : 은행에 납부
- 말소할 사항(* 말소할 각 등기를 특정할 수 있도록 접수일자와 접수번호) 작성 4부

* **구비서류 등**은 부동산소유권이전등기 촉탁신청서에 첨부하여 집행법원(* 해당 경매계)에 제출해야 하며, 소유권이전등기필증은 집행법원에서 신청자에게 교부하거나 송달신청에 의하여 우편으로 받을 수 있다.

참고로 법인등기부등(초)본, 주민등록등(초)본, 토지대장 및 건물대장 등본은 발행일로부터 3월 이내의 것이어야 하고, 등록세 영수필확인서 및 통지서에 기재된 토지의 시가표준액 및 건물의 과세 표준액이 각 500만 원 이상일 때에는 국민주택채권을 매입하고 그 주택채권 발행번호를 기재해야 한다.

제3장

인도(명도) 성공하기

01 관리명령 및 인도(명도)명령

관리명령

법원은 매수인 또는 채권자의 신청에 의하여 경매목적부동산에 대하여 매각허가결정 후 인도할 때까지 관리인에게 부동산 관리명령을 할 수 있다. 이러한 것은 부동산의 불법점유자나 공장경매에 있어 기계류의 망실 또는 유실 등 부동산을 관리하지 아니하고 방치할 경우 제3자나 현 점유자가 훼손할 우려가 있을 때에는 법원에 신청하여 선임한 관리인으로 하여금 관리하게 할 수 있다. 이때 관리인은 법원에서 임명하며, 매수인(* 또는 채권자)이 적당한 자를 추천할 수도 있다.

인도명령의 신청인

인도명령의 신청인은 매수인 및 매수인의 포괄승계인(* 상속, 유증, 합병)이다.

그러나 경매로 매수한 부동산을 양도받은 매수인의 특별승계인(* 매매, 교환, 증여)은 인도명령을 신청하지 못한다. 이는 경매부동산의 매수인이 이를 매각했을 때에도 인도명령신청권은 경매로 취득한 그 매수인에게 있기 때문이다.

인도명령의 상대방

- 채무자, 소유자, 압류 효력 발생 전후의 점유자(* 단, 점유권원이 있는 자는 제외 : 대항력 있는 임차인, 유치권자, 법정지상권자 등)
- 채무자와 소유자의 포괄승계인
- 채무자의 동거가족, 채무자의 근친관계자
- 채무자의 피고용인
- 채무자가 법인일 때 그 법인의 점유보조자
- 채무자와 공모하여 집행을 방해할 목적으로 점유한 자

인도명령절차

매각대금을 납부하고 소유권이 매수인에게 있음에도 불구하고 채무자, 종전의 소유자와 점유 권원이 없는 임차인이 부동산을 인도하여 주지 아니하는 경우에는 법원에 인도명령신청서를 제출하여 인도명령을 구한다.

- **인도명령신청** : 인지세 및 송달료 납부 후 해당 경매계에 접수
- **심리 및 심문** : 채무자 및 소유자는 심리나 심문을 하지 않으며, 임차인 등의 점유자에 대하여 심리 및 심문
- **인도명령결정** : 집행법원의 결정, 인도명령신청 후 약 5일~2주 소요
- **인도명령결정문 및 송달증명원 발급** : 해당 경매계에서 발급
- **강제집행신청** : 인도명령결정문, 송달증명원 및 인도대상 부분이 부동산의 일부분일 경우에는 도면 각 1부를 첨부하여 집행관사무소에 신청하면서 강제집행비용을 납부

인도명령신청 시 구비서류

대금납부 후 다음의 서류를 첨부하여 제출한다.

- 부동산목록 3부
- 등기부등본 1통
- 송달료 납부서 1부

인도명령신청에 따른 유의사항

- **인도명령신청은 대금완납 후 6개월 이내에 신청**

  매수인은 대금완납 후 6개월이 지나도록 매수인이 간단한 인도명령신청을 하지 않으면 인도명령신청이 아닌 '명도소송'을 해야 하므로 주의를 요한다. 그러나 인도명령결정문을 대금납부 후 6개월 이내에 받아 놓은 상태라면 10년 내에 인도집행을 하면 되므로 별도의 소송은 필요 없다.

- **대금납부 후 인도명령신청 동시에 점유이전금지 가처분신청**

  점유이전금지 가처분신청을 해놓을 경우 점유자가 중간에 다른 제3자에게 건물을 인도해도 새로운 점유자를 상대로 인도명령의 효력이 미치므로 다시 그 점유자를 상대로 인도명령신청을 할 필요 없이 강제집행이 가능하기 때문이다.

인도명령의 결정

해당 경매계에 인도명령을 신청하면 매수인이 경매목적물을 용이하게 인도받을 수 있도록 하기 위하여 법원은 신청접수 후 약 2주일 내에 인도명령결정(* 점유자가 매수인에게 대항할 수 있는 권원을 가진 경우에는 제외)을 하고 그 결정의 정본을 신청인과 상대방에게 송달한다.

인도명령을 결정할 때는 상대방을 필요적으로 소유자 및 채무자 이외의 자에 대해서는 점유의 내용과 권원 등을 진술할 기회를 주기 위해 점유자를 심문하되 매수인에게 대항할 수 있는 점유의 권원이 없음이 명백하거나 이미 그 점유자를 심문한 때에는 심문을 생략할 수 있으며, 기타의 점유자가 심문에 불응하면 심문 없이 결정한다.

인도집행계고 신청

법원으로부터 점유자에게 인도명령결정문이 송달되었음에도 불구하고 부동산을 인도하지 않거나 인도 합의가 되지 않을 때에는 서류를 갖추어서 집행관사무실에 제출하여 계고(* 문서로 알려서 일정한 기한 내에 부동산을 비우도록 재촉하는 것) 신청을 한다.

계고신청 시 구비서류

- 집행결정문 (* 민사과나 해당 경매계에서 발급, 인지 500원) 1부
- 송달확정증명원(* 민사과나 해당 경매계에서 발급, 인지 500원) 1부

강제집행(인도집행)신청

집행관이 계고를 하였음에도 불구하고 일정한 기한 내에 점유자가 부동산을 인도하지 않으면 집행관사무소에 인도집행신청을 하면 된다. 이때 강제집행비용을 예납(* 접수비, 집행관 수수료, 노무비 등을 미리

납부)하고 점유자의 점유 부동산이 부동산의 일부분일 경우에는 도면 1부 첨부하여 제출하면 된다.

만약 집행비용을 예납하고 집행관의 실제 집행이 있기 전에 채무자와 이사합의나 채무자 스스로 건물을 인도한 경우에는 집행관의 강제집행이 필요 없게 되므로 그 예납비용을 반환받을 수 있다.

집행비용

인지대, 송달료, 집행관 수수료 등이 집행해야 할 면적과 분량의 과다로 부득이 인부를 보다 많이 동원해야 하는 경우에는 추가로 노무비가 발생할 수 있고, 집행 시 점유자가 부재하여 강제개문을 하거나 동산을 보관해주어야 할 경우에는 이삿짐 보관료 등이 추가로 부담될 수 있다.

02 인도(명도)관련 안내문

인도(명도)관련 안내문

수신자
성 명 :
주 소 :

발신자
성 명 :
주 소 :

안녕하십니까? 금번에 타경호 물건을 낙찰받은 ○ ○ ○입니다. 다름이 아니오라 알려드릴 말씀이 있어 부득이 인도(명도)관련 안내문을 보내게 됨을 양지해주시기 바랍니다.

귀하가 배당금을 수령하기 위해서는 배당지급일에 매수인의 인감이 날인된 명도확인서와 매수인의 인감증명서도 함께 제출하여야만 임차보증금에 대한 배당을 받을 수 있습니다. 그러므로 임차인이 배당을 받기 위해 명도확인서 등의 발급을 요구해오면 매수인은 발급해주어야 할 의무가 있습니다. 그러나 임차인께서 이의 발급을 요구한다고 해서 무조건 매수인이 이 서류들을 발급해주어야 하는 것은 아닙니다.

매수인으로부터 명도확인서와 인감증명서를 받기 위해 귀하께서는
- 임차목적물의 변경과 훼손을 하여서는 아니 되며,

- 임차목적물의 사용으로 발생한 제세공과금을 모두 청산해야 하며,
- 임차목적물의 내에 있는 쓰레기와 점유물을 완전히 반출해야 하며,
- 임차목적물의 내외부의 열쇠(* 전자식은 비밀번호)를 모두 반납하는 의무를 이행해야 합니다.

따라서 임차인께서 이의 의무를 이행하지 않을 시 본 매수인은 명도확인서 등의 발급을 해줄 수 없습니다. 이는 매수인에게 법으로 주어진 절대적인 권한입니다.

또한 이의 이행이 되지 않을 때에는 매수인은 귀하의 인도지체와 인도거절 사유로 법원의 집행관으로 하여금 인도집행을 하게 할 수 있고, 그에 따른 손해배상과 귀하가 취하게 되는 부당이득(연 5%의 법정이자율, 소송제기일 이후부터 반환기일까지는 연 12%)에 대해 귀하가 앞으로 수령하게 될 배당금이나 그 외의 재산에 대해 압류조치도 할 수 있습니다.

그러므로 서로 불미스런 일이 발생하지 않도록 배당지급기일까지는 어떠한 일이 있어도 귀하가 점유하고 있는 임차목적물을 위에 열거한 내용대로 온전히 하여 인도해주십시오.

참고로 위의 내용들이 협박성이 있다거나 불법적인 내용이 있는지를 가까운 변호사나 법무사에게 반드시 문의하시기 바랍니다.

20 년   월   일

위 발신인   (인)

연락처(☎)

* 인도(명도)관련 안내문을 보내는 이유

매수인이 대금납부 후 소유권을 취득하면 매수인은 부동산을 인도받아야 하는데, 임차인의 경우는 배당표확정일(* 배당표확정일이 되기까지에는 매수인의 대금납부기한일로부터 약 1개월 소요)까지 거주하더라도 임차인의 부당이득이라 할 수 없으므로(대판 2004. 8. 30. 선고 2003다23885) 점유권원이 없는 임차인마저도 매수인의 정상적인 대금납부 후 약 1개월 정도가 되어서야 배당지급이 될 것이고, 그 배당을 확인한 후에 그때서야 이사할 곳을 알아보고 이삿날을 잡는다면 대금납부 후 약 2개월 만에 주택을 인도받게 될 소지가 있어 난감하게 될 때가 많다.

그래서 안내문을 보낼 필요가 있는 이유는 매수인이 대금납부 후 익일부터 부당이득을 취하게 되는 소유자나 채무자로부터 조속히 인도받기 위함이고, 인도기간을 앞당기거나 인도협상에 유리하게 하기 위하여 임차인에게 매수인이 법적 조치를 할 수 있는 내용을 담은 '명도관련 안내문'을 인도집행 당사자의 상황에 맞춰서 3부 작성한 후 우체국에서 내용증명으로 보낼 것을 권장한다.

03 짐(동산)만 남겨놓은 경우의 명도 방법

증인입회

집행 시 채무자 등의 점유자가 부재중이거나 또는 집행방해 목적으로 문을 열어주지 않아 2회의 집행을 하지 못하였을 때에는 성년 2인이나 특별시·광역시의 구 또는 동 직원, 시·군·읍·면 직원 또는 경찰공무원 중 한 사람(* 앞에 규정된 공무원은 정당한 사유 없이 증인참여 요구를 거절할 수 없음)을 증인으로 참석하게 하여 이들의 입회하에 강제로 문을 열고 채무자 등의 소유 물건들을 건물 밖으로 반출할 수가 있다.

창고보관

물건을 들어내는 경우 점유자가 있을 경우에는 건물 밖으로 들어내도 되지만, 점유자가 없을 경우에는 입회자의 참여하에 집행관은 가재도구 등의 동산목록을 작성하여 인도명령신청자(* 매수인 또는 채권자)의 협조를 얻어 보관장소를 예약하거나, 채권자에게 보관장소를 제공받아 동산을 보관하도록 할 수 있다.

보관에 따른 동산처리

이삿짐센터(* 유료창고)의 보관료는 선불로 매수인이 우선 부담한다. 그런 후 채무자(* 점유자)가 보관료를 지급하지 않을 경우에는 채무자 상대로 보관료 비용에 대한 집행권원확보 후 동산경매를 신청하고, 그 동산의 매각대금으로 동산경매절차 비용과 매수인이 선불 지급한 이삿짐 보관료 등을 공제하고 부족하면 매수인(* 채권자)이 부담하고, 남음이 있으면 법원에 공탁하는 것으로 종료된다. 이때 만약 부족금이 있다면 매수인이 부담하고, 매수인은 그 부족금에 대하여는 임차인(* 채무자)을 상대로 채권을 확보할 뿐이다.

참고로 위와 같이 진행이 되면 매수인이 동산의 경매가격이 많이 저가로 되었을 때 직접 낙찰받고 보관료 등과 상계처리한 후 그 동산 등을 합법적으로 처분함으로써 종결짓는다.

점유자도 없고 점유자의 동산이 없을 경우의 인도

점유자도 없고 점유자의 동산이 없을 경우에는 매수인의 소유권에 의하여 바로 인도(* 입주)하면 된다. 그러나 가급적 증인, 즉 관리사무소나 이웃 사람 등을 입회하게 하는 것이 좋으며, 이때에 현장을 사진 등을 찍어서 보관하고 있으면 나중의 분쟁을 방지할 수 있어 더욱 좋다.

인도받을 부동산 내에 기 압류나 가처분된 동산이 있는 경우

경매낙찰 후에 인도명령결정에 의한 인도 시 간혹 인도 목적물 내에 이미 다른 채권자로부터 집행되어 있는 유체동산들이 방치되어 있는 경우가 있다. 이런 경우는 낙찰자의 본 인도집행에 앞서 그 유체동산에 대해서 집행관사무실에 문의확인 후 해당 동산부터 조속한 시일 내에 먼저 집행되도록 하는 조치를 취하는 것이 좋다.

이런 경우 낙찰자는 '유체동산 경매허가신청서'에 유체동산 임시보관장소, 보관에 따른 지출비용액, 장기보관 시 훼손 및 도난사고의 우려의 내용 등을 적고 보관물품목록도 1부 작성하여 집행관 사무실에 제출하면 된다.

압류동산의 처분기간

압류동산은 3개월 이내에 처분해야 한다. 만약 압류채권자가 3개월이 지나도록 그 동산의 처분을 하지 않을 경우 법원은 압류권자에게 2회의 처분촉구를 하며, 그래도 이의 시행이 되지 않으면 법원은 직권으로 그 동산압류를 취소한다.

* 외국인이 임차하고 있는 경매물건 입찰 시 유의사항

외국인 임차인도 출입국관리법에 따라 90일 이상 장기체류 시 법무부 출입국관리사무소에서 외국인등록번호를 부여받으면 내국인 임차인과 동일하게 권리신고 및 배당요구를 할 수 있다.

그리고 외국인이 임차하고 있는 건물은 외국인등록번호를 모르면 인도집행이 불가능하다. 따라서 집행기록에 외국 임차인에 대한 신상기록의 기재 유무를 정확히 확인한 후 입찰에 응해야 한다.

04 국군원조 요청

집행관은 매수인으로부터 인도·명도신청이 있게 되면 법적 권한을 가지고 그 절차에 따라 인도·명도를 하게 되는데, 이의 집행이 채무자나 점유자들이 국가의 공권력에 대해 완강한 거부 등으로 도저히 집행관들의 능력으로는 해결이 되지 않을 때에는 보다 강력한 힘이 필요로 하게 될 것이다. 따라서 이러한 경우 집행관은 국군원조의 요청을 할 수 있다.

결론적으로 국군원조요청권은 집행관에게 있으나 결국 매수인을 위한 법으로서 매수인에게 엄청난 권리를 부여하고 있는 아주 강력한 법이다.

집행관의 강제력 사용(* 민사집행법 제5조)

집행관은 집행을 하기 위하여 필요한 경우에는 채무자의 주거·창고 그 밖의 장소를 수색하고, 잠근 문과 기구를 여는 등 적절한 조치를 할 수 있다.

이 경우 저항을 받으면 집행관은 경찰 또는 국군의 원조를 요청할 수 있으며, 국군의 원조는 법원에 신청해야 하며, 법원이 국군의 원조를 요청하는 절차는 대법원규칙으로 정한다.

국군원조요청

민사집행법 제5조에 따라 민사집행규칙 제4조에 의하면 법원이 하는 국군원조의 요청은 다음의 사항을 기재한 후 서면으로 해야 하고, 작성한 서면은 법원장 또는 지원장과 법원행정처장을 거쳐 국방부장관에게 보내는 절차를 밟는다.

- 사건의 표시
- 채권자·채무자와 그 대리인의 표시
- 원조를 요청한 집행관의 표시
- 집행할 일시와 장소
- 원조가 필요한 사유와 원조의 내용

05 경매에서 알면 도움이 되는 형법

공무상비밀표시무효(제140조)
- 공무원이 그 직무에 관하여 실시한 봉인 또는 압류 기타 강제처분의 표시를 손상 또는 은닉하거나 기타 방법으로 그 효용을 해한 자는 5년 이하의 징역 또는 700만 원 이하의 벌금에 처한다.
- 공무원이 그 직무에 관하여 봉함 기타 비밀장치한 문서 또는 도화를 개봉한 자도 앞서의 형과 같다.
- 공무원이 그 직무에 관하여 봉함 기타 비밀장치한 문서, 도화 또는 전자기록 등 특수매체기록을 기술적 수단을 이용하여 그 내용을 알아낸 자도 앞서의 형과 같다.

부동산강제집행효용침해(제140조의2)
강제집행으로 명도 또는 인도된 부동산에 침입하거나 기타 방법으로 강제집행의 효용을 해한 자는 5년 이하의 징역 또는 700만 원 이하의 벌금에 처한다.

공무상보관물의 무효(제142조)
공무소로부터 보관명령을 받거나 공무소의 명령으로 타인이 관리하는 자기의 물건을 손상 또는 은닉하거나 기타 방법으로 그 효용을 해한 자는 5년 이하의 징역 또는 700만 원 이하의 벌금에 처한다.

경매, 입찰의 방해(제315조)

위계 또는 위력 기타 방법으로 경매 또는 입찰의 공정을 해한 자는 2년 이하의 징역 또는 700만 원 이하의 벌금에 처한다.

주거침입, 퇴거불응(제319조)

- 사람의 주거, 관리하는 건조물, 선박이나 항공기 또는 점유하는 방실에 침입한 자는 3년 이하의 징역 또는 500만 원 이하의 벌금에 처한다.
- 앞서의 장소에서 퇴거요구를 받고 응하지 아니한 자도 앞서의 형과 같다.

특수주거침입(제320조)

단체 또는 다중의 위력을 보이거나 위험한 물건을 휴대하여 앞서의 조의 죄를 범한 때에는 5년 이하의 징역에 처한다.

권리행사방해(제323조)

타인의 점유 또는 권리의 목적이 된 자기의 물건 또는 전자기록 등 특수매체기록을 취거, 은닉 또는 손괴하여 타인의 권리행사를 방해한 자는 5년 이하의 징역 또는 700만 원 이하의 벌금에 처한다.

강제집행면탈(제327조)

강제집행을 면할 목적으로 재산을 은닉, 손괴, 위장양도 또는 허위의 채무를 부담하여 채권자를 해한 자는 3년 이하의 징역 또는 1천만 원 이하의 벌금에 처한다.

부당이득(제349조)

- 사람의 궁박한 상태를 이용하여 현저하게 부당한 이익을 취득한 자는 3년 이하의 징역 또는 1천만 원 이하의 벌금에 처한다.
- 앞서의 방법으로 제3자로 하여금 부당한 이익을 취득하게 한 때에도 앞서의 형과 같다.

06 명도소송에 대하여

명도소송
인도명령대상 기한 6개월을 넘긴 경우의 점유자 또는 인도명령 대상자가 아닌 점유자인 경우에는 별도의 소유권에 기한 명도소송을 제기하여 확정판결(* 집행권원)을 받은 후에 강제집행에 의하여 명도받는다.

명도소송신청인
매수인, 매수인의 포괄승계인과 특별승계인이 소송신청인이 될 수 있다.

명도소송의 상대방
- 인도명령의 대상이 아닌 점유자
- 압류효력 발생 전후에 관계없이 유치권자
- 매수인으로부터 새로 임차한 자
- 매수인으로부터 부동산을 매수한 자
- 채무자이며 선순위 대항력 있는 임차인
- 인도명령 대상자로 인도명령신청 기한이 6개월을 경과한 점유자

명도소송 접수 시 구비서류

- 매각대금완납증명원 1부
- 매각허가결정문 1부
- 매각물건 현황조사서 사본 1부
- 별지목록(* 건물 도면) 1부
- 부동산등기부 등본 1통
- 상대방(* 피고) 주민등록등본 1통

명도소송절차

- **소장 접수** : 법원민사신청과에 접수하면서 인지대 및 송달료 납부
- **재판**(* 심리 및 결심) : 승소판결
- **집행문 부여** : 법원 민사과에서 발급
- **강제집행신청** : 승소판결 정본, 집행문, 송달증명원 및 명도대상 부분의 도면을 각1부 첨부하여 집행관사무소에 신청하면서 강제집행비용을 납부
- **명도집행** : 집행관의 명도집행

명도소송 시 유의사항

- 명도소송 시 반드시 실제로 점유하고 있는 자가 누구인지를 확인해야 하며, 이때 임대차계약서상이나 사업자등록증상의 명의자가 다른 경우에는 그 제3자도 명도소송의 상대방으로 하여 소송을 해야 한다.
- 건물 전체나 1층 전부, 2층 전부처럼 쉽게 특정할 수 있는 명도목적

물일 경우는 별다른 문제가 없으나, 건물의 일부분을 명도하여야 할 때에는 반드시 명도목적물을 건축물관리대장상의 도면과 대조하여 이를 참조한 후 위치와 면적을 표시해야 한다.

- 점유부분에 대한 면적, 세대수 등 '상세도면'을 첨부하여 다른 사람에게 불법 점유시키지 못하도록 '명도소송'과 '점유이전금지가처분신청'을 동시에 해야 하며, 점유이전금지가처분을 병행하지 않은 상태에서 채무자가 제3자에게 점유를 이전시켜버렸을 경우에는 다시 소송을 해야 하는 불이익을 당할 수도 있으므로 반드시 이를 병행해야 한다.

- 명도소송의 경우 전소유자가 서류송달을 기피하고, 문을 열어주지 않거나 다른 곳으로 피할 경우 재송달신청이나 특별송달신청, 공시송달신청을 하여 송달이 되게 해야 한다.

- 대개 명도소송 기간은 약 3~5개월 정도 소요되고, 상대방의 항소 등으로 인하여 경우에 따라서는 약 6~7개월 정도가 소요될 수도 있다. 보통 1심법원에서 "가집행을 할 수 있다"라는 판결을 득하기 때문에 1심판결 후 즉시 명도집행을 할 수 있다.

- 소송 시 변호사를 선임하면 약 500~600만 원 정도의 선임료가 소요되며, 손해배상 및 임대료청구 시 상대방의 점유부분에 대한 감정을 해야 하므로 추가로 부동산 감정비용이 든다.

명도소송에 대한 항고

항고가 제기되는 경우 항고에 대한 재판이 끝날 때까지 매수인 등은 기다릴 수밖에 없으며, 대법원에 재항고가 제기되는 경우에는 최장 6개월

(* 항고 3개월, 재항고 3개월) 정도가 소요된다.

항고는 전소유자(* 채무자), 세입자, 매수인이 제기할 수 있는데, 전소유자나 매수인은 매각대금의 10%를 보증으로 제공해야 한다.

제4장

부동산경매에서 물권 이해하기

01 물권과 채권

물권이란 특정의 물건을 직접 지배하여 이익을 얻는 배타적·절대적인 재산권이고, 채권이란 당사자 사이의 계약에 의해 성립하며, 계약상 채무자인 특정한 사람에게 채무이행, 즉 돈을 갚아 달라고 청구할 수 있는 권리를 말한다.

물권의 특성

- 물권은 물건을 지배하여 재산상의 이익을 향유하는 대표적인 재산권이다.
- 물권은 물건을 객체로 하는 권리로서 물건이 현존하면 물권이 발생하고, 물건이 멸실되면 물권도 소멸한다.
- 물권은 타인의 행위가 개입되지 않더라도 직접 물건을 이용하여 사용·수익·처분하여 이익을 얻을 수 있는 직접적 지배권이 있다.
- 물권은 타인의 침해를 배제하기 위하여 물건 위에 물권을 등기 또는 점유의 방식으로 외부에 공시하며, 배타적 지배권이 있다.
- 물권은 특정인에게 주장되는 권리가 아닌 모든 자에게 주장할 수 있는 절대적 권리이다.
- 물권의 양도는 제한을 받는 채권과는 달리 원칙상 그 제한을 받지 않는다. 즉 물권의 양도는 특별히 특약이나 법률로 제한하고 있지

않는 이상 자유롭다.
- 물권의 순서는 시간적으로 먼저 성립한 물권이 우선이다. 같은 종류의 물권들은 동시에 성립되지 않으며, 그 순위는 보통 등기할 때 순위번호와 접수번호를 보고 구분할 수 있다.

채권의 특성

- 채권은 당해 채무자에게만 요구할 수 있는 대인청구권이며, 상대권이다. 또한 채권은 물권과는 달리 권리에 관하여 독점적인 지위가 없고, 배타성이 없다.
- 채권은 채권자와 채무자 사이에서 돈을 주고받을 수 있는 권리로서 특정인(* 채무자)에게만 주장할 수 있으며, 대부분 공시가 안 된다.
- 채권은 양도할 수 있으나 제한적이다. 즉 채권은 채권의 성질이 양도를 허용하지 아니하는 때와 당사자가 반대의 의사를 표시한 경우에는 양도하지 못한다. 예를 들면 임차권의 양도는 임대인의 동의가 필요하다. 또한 지명채권의 양도는 양도인이 채무자에게 통지하거나 채무자가 승낙해야 한다.
- 채권의 순서는 시간적으로 먼저 성립한 것을 우선으로 하는 물권과는 달리 시간적 우선성립과는 상관없이 모두 동순위이다.

02 물권의 종류

물권의 종류		내용
소유권		소유자는 법률의 범위 내에서 그 소유물을 사용·수익·처분할 수 있는 권리
점유권		점유권원의 유무에 관계없이 물건을 사실상 지배하고 있는 경우의 지배권 : 등기부에 공시 안 됨
용익물권	지상권	타인의 토지에서 건물, 기타의 공작물이나 수목을 소유하기 위하여 그 토지를 사용·수익할 수 있는 물권
	지역권	타인의 토지를 설정행위에서 정한 일정한 목적을 위하여 자기의 토지에 편익을 제공받아 사용·수익할 수 있는 물권
	전세권	타인의 부동산을 그의 용도에 따라 사용·수익할 수 있는 담보형 용익물권
담보물권	저당권	채권자가 채무담보로 제공받은 부동산을 인도받지 않고 관념상으로만 지배하고 있다가 채무자로부터 채무의 변제가 없을 때에는 그 부동산으로부터 우선변제받는 담보물권
	질권	• 동산질권 : 돈을 빌려주면서 물건을 질로 잡고, 갚지 않는 때에는 그 목적물에서 우선변제받는 담보물권(* 예 : 전당포에 반지를 잡히고 돈을 빌림) : 등기부에 공시 안 됨 • 권리질권 : 부동산의 사용·수익을 목적으로 하는 용익물권에는 설정할 수 없으나 그 외의 재산권에 권리를 설정할 수 있는 담보물권(* 예 : 저당권에 대한 질권 설정)
	유치권	타인의 물건을 점유한 자가 그 물건에서 발생한 채무를 변제받을 때까지 유치할 수 있는 담보물권(* 예 : 시계수리비를 변제받을 때까지 시계유치) : 등기부에 공시 안 됨
법정지상권		본래 토지와 건물이 동일인의 소유였으나 그 후 어떤 사정으로 그 소유자가 각각 달라졌을 때, 그 건물소유자에게 법률규정에 의하여 인정되는 지상권
관습상 법정지상권		동일한 소유자에 속하는 토지와 건물이 매매 등에 의해 소유를 달리하게 된 경우이며 특히 그 건물을 철거한다는 특별한 약속이 없는 한 건물의 소유자는 그 토지 위에 관습상의 지상권을 취득하는 권리
분묘기지권		다른 사람의 토지 위에 묘지를 설치하는 때에 일정한 요건을 갖추면 지상권과 유사한 관습법상 물권으로 인정해주는 권리
수목지상권		토지상의 입목이 경매 또는 기타 사유로 인하여 토지와 그 입목이 각각 다른 소유자에게 속하게 되는 경우 입목소유자에게 인정하는 지상권

03 지상권

지상권의 의의

지상권이란 타인의 토지에 건물 기타 공작물이나 수목을 소유하기 위하여 그 토지를 사용할 수 있는 순수 용익물권이다.

지상권의 특징

- 지상권은 전세권과는 달리 토지에만 등기설정을 할 수가 있다.
- 지상권은 건물, 연못, 담, 교량, 전신주, 광고탑, 기념비 등의 지상물과 지하 터널, 우물 등의 지하수, 식목된 수목 등을 소유하기 위하여 그 토지를 사용하는 것이며, 지상권은 지표, 지상, 지하의 일부에도 설정할 수 있다.

지상권의 취득

- **법률행위에 의한 취득**

  지상권설정자(* 토지소유자)와 지상권자가 지상권설정을 목적으로 한 물권적 합의에 따른 지상권설정등기를 함으로써 지상권이 발생한다.

- **법률규정에 의한 취득**

    상속, 경매, 공용징수, 판결 등에 의한 지상권 취득은 별도의 등기를 요하지 않는다.

존속기간을 약정한 지상권

계약으로 지상권의 존속기간을 정하는 경우에는 그 기간은 다음의 연한보다 단축하지 못한다(* 법정기간 : 최단존속기간).

- 석조, 석회조, 연와조(* 벽돌조) 또는 이와 유사한 견고한 건물이나 수목의 소유를 목적으로 하는 때에는 30년
- 석조, 석회조, 연와조(* 벽돌조)가 아닌 건물의 소유를 목적으로 하는 때에는 15년
- 건물 이외의 공작물의 소유를 목적으로 하는 때에는 5년이다.

단, 당사자는 이보다 장기의 기간을 정할 수 있고, 위의 기간들보다 단축한 기간을 정한 때에는 법정기간까지 연장한다.

존속기간을 약정하지 아니한 지상권

- 계약으로 지상권의 존속기간을 정하지 아니한 때에는 그 기간은 최단존속기간으로 한다.
- 지상권설정 당시에 공작물의 종류와 구조를 정하지 아니한 때에는 지상권은 15년으로 하며, 지상물이 수목인 경우에는 30년이다.

지상권의 양도 및 임대

지상권자는 타인에게 그 권리를 양도하거나 그 권리의 존속기간 내에서 그 토지를 임대할 수 있다.

지상권자의 갱신청구권 및 매수청구권

- 지상권이 소멸한 경우에 건물 기타 공작물이나 수목이 현존한 때에는 지상권자는 계약의 갱신을 청구할 수 있다.
- 지상권설정자가 계약의 갱신을 원하지 아니하는 때에는 지상권자는 상당한 가액으로 앞서의 공작물이나 수목의 매수를 청구할 수 있다.

갱신과 존속기간

당사자가 계약을 갱신하는 경우 지상권의 존속기간은 갱신한 날로부터 최단존속기간보다 단축하지 못하나 당사자는 이보다 장기의 기간을 정할 수 있다.

수거의무 및 매수청구권

지상권이 소멸한 때에는 지상권자는 건물, 기타 공작물이나 수목을 수거하여 토지를 원상회복해야 한다. 이 경우에 지상권설정자가 상당한 가액을 제공하여 그 공작물이나 수목의 매수를 청구한 때에는 지상권자는 정당한 이유 없이 이를 거절하지 못한다.

* 지료

지료는 토지의 사용대가인 법정과실로서 지상권의 성립에 필수요건이 아닌 임의적 요소로서 당사자의 약정 및 당사자의 청구에 의한 법원결정에 의해 지상권자는 지료의 지급의무가 발생하게 되고, 이를 등기함으로써 제3자에게 대항할 수가 있다.

* 지료증감청구권

지료가 토지에 관한 조세, 기타 부담의 증감이나 지가의 변동으로 인하여 상당하지 아니하게 된 때에는 당사자는 그 증감을 청구할 수 있다.

* 지상권소멸청구권

지상권자가 2년(* 2년분) 이상의 지료를 지급하지 아니한 때에는 지상권설정자는 지상권의 소멸을 청구할 수 있다.

04 구분지상권

구분지상권의 의의

구분지상권이란 지하도, 지하상가, 고가도로와 같이 타인 토지의 지하 또는 지상공간의 일정한 범위를 정하여 건물, 기타 공작물을 소유하기 위한 지상권을 말한다.

구분지상권의 특징

- 지하 또는 지상의 공간은 상하의 범위를 정하여 건물 기타 공작물을 소유하기 위한 지상권의 목적으로 할 수 있다. 이 경우 설정행위로써 지상권의 행사를 위하여 토지의 사용을 제한할 수 있다. 또한 토지의 공간적인 범위는 설정행위로 정하고 반드시 등기해야 한다.
- 구분지상권은 제3자가 토지를 사용·수익할 권리를 가진 때에도 그 권리자 및 그 권리를 목적으로 하는 권리를 가진 자 전원의 승낙이 있으면 이를 설정할 수 있다. 이 경우 토지를 사용·수익할 권리를 가진 제3자는 그 지상권의 행사를 방해해서는 아니 된다.
- 수목의 소유를 목적으로 한 구분지상권은 인정되지 않는다.

* 토지소유권의 범위(민법 제212조)

우리 민법은 토지소유권의 범위에 대해서 '토지의 소유권은 정당한 이익

있는 범위 내에서 토지의 상하에 미친다.'라고 하고 있다. 따라서 토지 소유권의 범위는 지표권, 지중권, 공중권의 개념으로 파악하고 있으며, 지하 또는 공중에 있어서 무한대의 개념이 아닌 사회통념 또는 용도에 따른다.

지하수는 온천, 광천, 약수를 묻지 아니하고 지표면으로부터 어느 정도의 깊이에 위치하는가를 묻지 않는다. 다만 우물 등을 파서 지하수를 이용하는 경우에는 다른 토지소유자의 이용을 방해하지 않는 범위에서 이용할 수 있다.

참고로 지하에 매장된 광물은 민법상의 권리객체가 아니라 광업법상 광업권의 목적이 된다.

05 법정지상권

법정지상권의 의의

본래 토지와 건물이 동일인의 소유였으나 그 후 어떤 사정으로 그 소유자가 각각 달라졌을 때 그 건물소유자에게 법률규정에 의하여 인정하는 지상권을 말한다.

법정지상권의 존재 이유

법정지상권의 존재 이유를 들자면, 토지소유자와 건물소유자가 각기 달라지고 이때 건물을 철거한다는 합의가 없는 경우 토지소유자가 건물의 철거를 요구한다면 건물소유자는 예측치 못한 손해를 보게 될 것이다. 따라서 건물소유자에게 이의 권리를 부여하지 않으면 개인은 물론이고 사회·경제적으로도 막대한 손실이 따를 것이 확실하므로 건물만의 소유권을 취득한 자에게 법률규정에 의하여 이를 인정해주어야 할 필요가 있는 것이다.

법정지상권의 특성

- **강행규정성** : 법정지상권의 성립은 당사자특약으로 배제할 수 없다.
- **지료** : 당사자 간 약정으로 지료를 정할 수 있으나 당사자청구로 법원이 결정할 수 있다. 그리고 지상권자가 2년 이상의 지료체납을 한

경우 지상권설정자는 지상권소멸을 청구할 수 있다. 이 경우 지상권자는 지상물매수를 청구할 수 없다.
- **존속기간** : 최단기의 존속기간을 적용받는다.
- **법정지상권의 등기** : 법정지상권은 법률의 규정에 의한 물권의 취득이므로 등기를 요하지 않지만 지상권의 처분 시에는 등기를 요한다. 또한 법정지상권을 취득한 사람은 토지소유자에 대하여 지상권의 등기를 청구할 수 있다.
- **법정지상권의 처분** : 법정지상권자는 지상건물의 양도에 따른 지상권의 양도가 자유롭다. 단, 법정지상권 양도 시 지상권설정등기를 기초로 지상권이전등기를 요한다. 그렇다 하더라도 건물의 양도로 건물의 소유권이전등기는 경료되었으나 지상권이전등기를 하지 않는 경우 토지소유자는 건물 양수인에게 건물의 철거를 명할 수 없다.
- **법정지상권의 성립 시기** : 토지 또는 그 지상건물의 경매로 그 소유권이 매수인에게 이전하는 때이다. 따라서 매수인이 매각대금을 완납한 때에 법정지상권은 성립한다.
- **법정지상권의 범위** : 법정지상권의 범위는 반드시 그 건물의 대지에 한정되는 것은 아니며 건물로 이용하는 데 필요한 한도에서 그 대지 이외의 부분에도 미치게 된다.(* 일반적인 지상권의 범위와 동일)
- **법정지상권 성립 시 지료의 결정** : 법정지상권 성립 시 지료를 인정하는 법의 취지는 저당물의 경매로 인하여 토지와 그 지상건물이 각 다른 사람의 소유에 속하게 된 경우 건물이 철거되는 것과 같은 사회·경제적 손실을 방지하려는 공익상 이유에 근거하는 것이다. 따라서 법정지상권의 지료는 우선 당사자의 협의에 의하여 결정하게 되며,

당사자의 이견으로 협의가 성립하지 않는 경우에는 당사자의 청구에 의하여 법원이 결정하게 된다. 이때 법원이 결정하는 지료는 당연히 지상권이 성립한 때에 소급해서 그 효력이 발생된다.

법원이 그 지료를 정함에 있어서는 법정지상권의 발생 당시에 제반 사정을 참작하고, 또한 당사자 쌍방의 이익을 조화하여 어느 한편에 부당하게 불이익 또는 이익을 주는 결과가 되어서는 안 된다.

그러므로 법정지상권자가 토지소유자에게 지급할 지료는 아무런 제한 없이 다른 사람의 토지를 사용함으로써 얻는 이익에 상당하는 대가이어야 한다. 즉 나대지 상태라는 전제하에 주변 토지의 이용상태, 경제적 가치 등이 종합적으로 고려되어 결정되어야 한다.

저당물의 경매로 인하여 토지와 그 지상건물이 다른 소유자에 속한 경우에는 토지소유자는 건물소유자에 대하여 지상권을 설정한 것으로 본다. 그러나 지료는 당사자의 청구에 의하여 법원이 이를 정한다.

- **법정지상권의 일반적 효력** : 법정지상권의 일반적 효력은 설정계약에 의한 지상권과 같으므로 존속기간 등은 특별한 규정이 없는 한 일반지상권에 준한다.

* **지상권 설정 시 지료의 지급**은 그 요소가 아니어서 지료에 관한 약정이 없는 경우에는 지료의 지급을 구할 수 없다. (대판 1999. 9. 3. 선고

99다24874 [1])

* **지상권에 있어서 유상인 지료**에 관하여 지료액 또는 그 지급시기 등의 약정은 이를 등기하여야만 그 뒤에 토지소유권 또는 지상권을 양수한 사람 등 제3자에게 대항할 수 있고, 지료에 관하여 등기되지 않은 경우에는 무상의 지상권으로서 지료증액청구권도 발생할 수 없다. (대판 1999. 9. 3. 선고 99다24874 [2])

* **법정지상권이 성립되고 지료액수가 판결에 의하여 정해진 경우** 지상권자가 판결 확정 후 지료의 청구를 받고도 책임 있는 사유로 상당한 기간 동안 지료의 지급을 지체한 때에는 지체된 지료가 판결확정의 전후에 걸쳐 2년분 이상일 경우에도 토지소유자는 지상권의 소멸을 청구할 수 있다. (대판 1993. 3. 12. 선고 92다44749)

* 미등기 및 무허가건물의 법정지상권

건물이 미등기 및 무허가라도 일정한 요건 하에서는 법정지상권이 발생한다. 즉 동일인의 소유에 속하였던 토지와 건물이 매매, 증여나 경·공매 등으로 그 소유자를 달리하게 된 경우 그 건물을 철거한다는 특약이 없는 한 건물소유자는 그 건물의 소유를 위하여 그 부지에 관하여 관습상의 법정지상권을 취득하는 것이고, 그 건물은 건물로서의 요건을 갖추고 있는 이상 미등기이거나 무허가이거나를 가리지 아니한다. 또한 관습법에 의하여 취득된 지상권은 법률에 의한 취득으로서 등기를 요하지 않으므로 그 지상권자는 등기 없이 토지매수인에게 그 지상권을 주장할 수 있다.

그러나 미등기건물을 그 대지와 함께 양수한 사람이 그 대지에 관해서만 소유권이전등기를 넘겨받고 건물에 대해서는 그 등기를 이전받지 못하고 있는 상태에서 그 토지가 경매되어 소유자가 다르게 된 경우에는 미등기건물의 양수인은 미등기건물을 처분할 수 있는 권리는 있을지언정 소유권은 가지고 있지 아니하므로 대지와 건물이 동일인의 소유에 속한 것이라고 볼 수 없어 법정지상권이 발생할 수 없다.

06 법정지상권 성립요건

법정지상권의 성립요건
다음의 3가지의 요건이 모두 구비되어야 한다.

- 토지와 건물의 소유자가 동일(* 참고로 매각 시 토지와 건물의 소유자가 다르더라도 이전으로 거슬러 올라가 토지와 건물의 소유자가 동일한 적이 있는지의 여부를 폐쇄등기부까지 발급하여 확인)할 것
- 토지저당권설정 당시에 건물이 있었을 것
- 매각 시 토지와 건물의 소유자가 달라질 것

* 법정지상권이 성립하려면 저당권 설정 당시 저당권의 목적이 되는 토지 위에 건물이 존재할 경우이어야 하는 바, 저당권설정 당시 건물이 존재한 이상 그 이후 건물을 개축, 증축하는 경우는 물론이고 건물이 멸실되거나 철거된 후 재축, 신축하는 경우에도 법정지상권이 성립한다. 이 경우 법정지상권의 내용인 존속기간, 범위 등은 구 건물을 기준으로 하여 그 이용에 일반적으로 필요한 범위내로 제한된다. (대판 1990. 7. 10. 선고 90다카6399)

* 공유로 등기된 토지의 소유관계가 구분소유적 공유관계에 있는 경

우에는 공유자 중 1인이 소유하고 있는 건물과 그 대지는 다른 공유자와의 내부관계에 있어서는 그 공유자의 단독소유로 되었다 할 것이므로 건물을 소유하고 있는 공유자가 그 건물 또는 토지지분에 대하여 저당권을 설정하였다가 그 후 저당권의 실행으로 소유자가 달라지게 되면 건물 소유자는 그 건물의 소유를 위한 법정지상권을 취득하게 되며, 이는 구분소유적 공유관계에 있는 토지의 공유자들이 그 토지 위에 각자 독자적으로 별개의 건물을 소유하면서 그 토지 전체에 대하여 저당권을 설정하였다가 그 저당권의 실행으로 토지와 건물의 소유자가 달라지게 된 경우에도 마찬가지다. (대판 2004. 6. 11. 선고 2004다13533 [1])

* **토지에 관하여 저당권이 설정될 당시 토지 소유자에 의하여 그 지상에 건물을 건축 중이었던 경우** 그것이 사회관념상 독립된 건물로 볼 수 있는 정도에 이르지 않았다 하더라도 건물의 규모·종류가 외형상 예상할 수 있는 정도까지 건축이 진전되어 있었고, 그 후 경매절차에서 매수인이 매각대금을 다 낸 때까지 최소한의 기둥과 지붕 그리고 주벽이 이루어지는 등 독립된 부동산으로서 건물의 요건을 갖추면 법정지상권이 성립하며, 그 건물이 미등기라 하더라도 법정지상권은 성립한다. (대판 2004. 6. 11. 선고 2004다13533 [3])

* **대지에 대하여 저당권을 설정할 당시 저당권자를 위하여 동시에 지상권을 설정하여주었다**고 하더라도 저당권 설정 당시 이미 그 대지상에 건물을 소유하고 있고 그 건물에 관하여 이를 철거하기로 하는 등 특별

한 사유가 없으며, **저당권의 실행으로 그 지상권도 소멸한 경우**에는 건물을 위한 법정지상권은 성립한다. (대판 1991. 10. 11. 선고 91다23462)

저당지상의 건물에 대한 일괄경매청구권

토지 위에 저당권을 설정한 후 그 저당 토지상에 건물이 지어진 경우 부동산 경매의 결과로 토지소유자와 건물소유자가 다르게 되면 건물소유자에게는 법정지상권이 인정되지 않는다. 왜냐하면 저당권설정 당시에 건물이 존재하고 있어야 하기 때문이다. 만약 저당권설정 당시에 건물이 존재하지 않았다면 토지의 매수인은 건물소유자에게 건물의 철거 내지 수거를 요구할 수 있게 된다. 이때 멀쩡한 건물을 철거한다면 사회·경제적으로 커다란 불이익이다.

이에 민법에서는 "토지를 목적으로 저당권을 설정한 후 그 설정자가 그 토지에 건물을 축조한 때에는 저당권자는 토지와 함께 그 건물에 대하여도 경매를 청구할 수 있다"라고 규정하여 토지와 건물의 일괄경매청구를 허용하고 있다.

법정지상권이 성립되지 않는 경우

다음의 어느 하나에 해당하면 법정지상권이 성립되지 않는다.

- 토지에 저당권설정 당시 건물이 없었던 경우
- 등기부등본상 토지와 건물의 소유자가 한 번도 일치하지 않는 경우
- 매각 시 특별매각조건으로 건물을 철거한다는 약정이 있는 경우

* 동일인 소유의 토지와 그 지상 건물에 관하여 공동저당권이 설정된 후 그 건물이 철거되고 다른 건물이 신축된 경우, 저당물의 경매로 인하여 토지와 신축건물이 서로 다른 소유자에게 속하게 되면 법정지상권은 성립하지 않는다. (대판 2003. 12. 18. 선고 98다43601 [1] 전원합의체) : 공동저당의 경우이며, 이는 전원합의체로 대판 1990. 7. 10. 선고 90다카6399호를 변경시킨 판례

* 건물의 등기부상 소유명의를 타인에게 신탁한 경우에 신탁자는 제3자에게 그 건물이 자기의 소유임을 주장할 수 없고, 따라서 그 건물과 부지인 토지가 동일인의 소유임을 전제로 한 법정지상권은 성립하지 않는다. (대판 2004. 2. 13. 선고 2003다29043 [2])

* 저당권설정 당시부터 저당권의 목적되는 토지 위에 건물이 존재하는 경우에 한하여 인정되며, 건물이 없는 토지에 관하여 저당권이 설정될 당시 근저당권자가 토지소유자에 의한 건물의 건축에 동의하였다고 하더라도 그러한 사정은 주관적 사항이고 공시할 수도 없는 것이어서 법정지상권은 성립하지 않는다. (대판 2003. 9. 5. 선고 2003다26051)

* 미등기건물을 그 대지와 함께 매수한 사람이 그 대지에 관하여만 소유권이전등기를 넘겨받고 건물에 대하여는 그 등기를 이전받지 못하고 있다가 대지에 대하여 저당권을 설정하고 그 저당권의 실행으로 대지가 경매되어 다른 사람의 소유로 된 경우에는, 그 저당권의 설정

당시에 이미 대지와 건물이 각각 다른 사람의 소유에 속하고 있었으므로 법정지상권이 성립하지 않는다. (대판 2002. 6. 20. 선고 2002다9660 [1] 전원합의체)

* 저당권이 설정된 후 건물의 멸실은 저당권도 동반소멸

저당권이 설정되었던 건물이 멸실했을 때에는 저당권도 동시에 소멸된다. 그러므로 낡은 건물이 멸실된 후 그곳에 새로운 건물을 신축하였다고 하더라도 저당권은 그 신축건물에는 효력이 미칠 수 없다. 따라서 이런 경우 채권자는 채무자의 동의를 얻어야 만이 신축건물에 대하여 저당권설정등기를 할 수 있다.

07 관습상의 법정지상권

관습상의 법정지상권

관습상의 법정지상권은 동일인의 소유였던 토지와 건물 중 어느 하나가 매매, 기타의 이유로 각각 그 소유를 달리하게 된 때 그 건물을 철거한다는 특약이 없으면 건물 소유자가 당연히 취득하게 되는 법정지상권으로서 이는 현행법이 인정하는 법정지상권과 달리 판례에 의하여 인정된다.

또한 관습상의 법정지상권은 토지 또는 건물 중의 어느 한편에 제한물권(* 전세권 또는 저당권)의 존재를 전제하지 않는 점에서 통상의 법정지상권과는 다르지만 그 성립요건은 법률상의 법정지상권이 성립되는 요건과 별로 다르지 않다.

관습상의 법정지상권 성립요건

다음의 3가지 요건이 모두 갖추어진 경우는 관습상의 법정지상권이 성립된다.

- 토지와 건물의 소유자가 동일할 것
- 토지와 건물의 소유자가 달라(* 토지 또는 건물 중 어느 하나가 매

매, 증여, 국세징수법에 의한 공매 및 강제경매 등의 원인으로)질 것
- 건물철거에 대한 약정이 없을 것

> **예** 토지와 건물등기부가 다음과 같은 상황이라고 가정해보자. 단, A와 B 사이에 건물철거에 관한 합의는 없었음.
>
> | 일자 | 내용 | 소유자 |
> |---|---|---|
> | 2016. 5. 2 | 토지 및 건물 소유 | A |
> | 2018. 7. 2 | 건물만 소유 | B |
> | 2019. 9. 2 | 토지만 경매취득 | C |

위의 예에서 C가 부동산 경매로 입찰 볼 당시 토지와 건물의 소유자가 A와 B로 되어 있어서 법정지상권이 없다고 판단(* 동일인이 아니므로)하여 A의 소유인 토지를 매수했다면, 2016. 5. 2.에 토지와 건물이 동일인에게 속해 있다가 2018. 7. 2.에 건물만의 소유권이 B에게 이전되어 있어 이미 건물소유자 B는 토지소유자 A에 대해 법정지상권을 가지고 있기 때문에 토지소유자 A에 대하여 이미 성립된 B의 법정지상권은 C가 승계하게 되는 것이다. 그러므로 C는 B의 법정지상권을 인정해주어야 한다. 따라서 법정지상권을 따져볼 때에는 토지와 건물의 폐쇄등기부까지 발급받아서 철저히 확인해봐야 한다.

* 관습상의 법정지상권이 성립되는 경우의 대법원판례

- 매수인의 의사에 따라 건물만이 매도된 경우에도 관습상의 법정지상권이 인정 : 토지 또는 건물이 동일한 소유자에게 속하였다가 그 건

물 또는 토지가 매매 기타의 원인으로 인하여 양자의 소유자가 다르게 된 때에 그 건물을 철거한다는 조건이 없는 이상 건물소유자는 토지소유자에 대하여 그 건물을 위한 관습상의 법정지상권을 취득하는 것이고, 자기의 의사에 의하여 건물만의 소유권을 취득하였다고 하여 관습상의 법정지상권을 취득할 수 없는 것은 아니다. (대판 1997. 1. 21. 선고 96다40080)

- 관습에 의한 법정지상권이 있는 건물의 경락인은 경매 시에 경락 후 건물을 철거하는 등의 매각조건 아래 경매되었다는 등 특별한 사정이 없는 한 건물의 경락취득과 함께 그 지상권도 당연히 취득하였다고 할 것이므로 그 지상권으로써 토지소유권을 전득한 자에게 대항할 수 있다. (대판 1991. 6. 28. 선고 90다16214)

* 관습상의 법정지상권이 성립되지 않는 경우의 대법원판례

토지와 건물이 동일한 소유자에게 속하였다가 건물 또는 토지가 매매 기타 원인으로 인하여 양자의 소유자가 다르게 되었더라도, 당사자 사이에 그 건물을 철거하기로 하는 합의가 있었던 경우에는 건물소유자는 토지소유자에 대하여 그 건물을 위한 관습상의 법정지상권은 성립하지 않는다. (대판 1999. 12. 10. 선고 98다58467)

08 분묘기지권

분묘기지권의 의의

타인의 토지상에 시신을 매장한 분묘가 설치된 경우 그 분묘부지와 그 부지를 넘어 이를 봉사하고 수호하기 위한 일정 범위에 미치는 관습법상의 물권을 분묘기지권이라 한다.

장사법 시행

매장 및 묘지 등에 관한 법률을 2000. 1. 12.에 '장사 등에 관한 법률(* 장사법)'로 전부 개정하여 1년 후인 2001년 1월 13일부터 시행하였고, 이법은 국가가 설치·운영하는 묘지에 대하여는 이 법을 적용하지 아니한다.

장사법 적용에 의한 분묘기지권

2007. 5. 25. [법률 제8489호, 시행 2008. 5. 26.] 전부 개정 '장사법'의 부칙 제2조 적용례에서 보면, '장사법' 제19조(분묘의 설치기간) 및 제27조제3항(* 1. 토지 소유자의 승낙 없이 해당 토지에 설치한 분묘, 2. 묘지 설치자 또는 연고자의 승낙 없이 해당 묘지에 설치한 분묘)의 규정은 '장사법' 시행일인 2001년 1월 13일 이후 최초로 설치되는 분묘부터 적용한다고 하고 있다.

따라서 '장사 등에 관한 법률' 시행인 2001. 1. 13. 이후에 설치한 분묘는 분묘기지권의 영구존속을 인정하지 않는다. 왜냐하면 '장사법'의 부칙에 의하여 '장사법' 제19조 및 제27조제3항의 개정규정은 이 법 시행 후 최초로 설치되는 분묘부터 적용하기 때문이다.

즉 '장사법'이 시행된 2001. 1. 13. 이후 자신의 토지에 설치한 분묘와 타인이 토지소유자의 승낙하에 설치한 분묘는 설치기간 한도 내에서 분묘기지권을 인정하고, 본인 소유의 토지에 분묘를 설치한 후 타인에게 양도하면서 묘지 이전에 대한 특별한 약정을 하지 않은 경우(예 : "분묘는 이장하기로 한다"라는 특약이 없는 경우)라도 분묘기지권을 인정하고 있기 때문에 이런 경우 "분묘는 이장하기로 한다"라는 특약을 약정하는 것이 바람직할 것이다.

'장사법'에서는 취득시효로 인한 분묘기지권은 더 이상 발생할 수 없으므로 타인의 토지소유자의 승낙 없이 설치한 분묘의 연고자는 해당 토지소유자, 묘지 설치자 또는 연고자에게 토지 사용권이나 그 밖에 분묘의 보존을 위한 권리를 주장할 수 없다는 점에 유의해야 한다.

분묘기지권이 성립되는 형태

- 토지소유자의 승낙을 얻어 분묘를 설치한 경우
- 토지소유자의 승낙 없이 분묘를 설치하고 20년간 평온·공연하게 점유하여 시효취득을 한 경우
- 분묘를 설치한 토지소유자가 토지소유권을 양도하면서 분묘이장의

특약 없이 토지소유권을 타인에게 양도한 경우

이렇게 발생한 분묘기지권의 존속기간은 분묘권리자가 분묘의 수호와 봉사를 계속하고 그 분묘가 존속하는 한 존속되며 특히 지료에 대한 특별한 약정이 없었다면 무상으로 취급된다.

타인의 토지 등에 설치된 분묘 등의 처리 등

'장사법' 시행이후 토지 소유자(점유자나 그 밖의 관리인을 포함), 묘지 설치자 또는 연고자는 다음의 어느 하나에 해당하는 분묘에 대하여 보건복지부령으로 정하는 바에 따라 그 분묘를 관할하는 시장 등의 허가를 받아 분묘에 매장된 시신 또는 유골을 개장할 수 있다.

- 토지 소유자의 승낙 없이 해당 토지에 설치한 분묘
- 묘지 설치자 또는 연고자의 승낙 없이 해당 묘지에 설치한 분묘

분묘기지권 성립요건

다음의 3가지 요건 중에서 어느 하나의 요건만 갖춘다면 분묘기지권은 성립한다.

- **승낙형 분묘기지권** : 토지소유자의 승낙을 받아 분묘를 설치한 경우
- **양도형 분묘기지권** : 본인 소유의 토지에 분묘를 설치한 후 타인에게 매도하면서 묘지 이전에 대한 특별한 약정을 하지 않은 경우
- **시효취득형 분묘기지권** : 토지소유자의 승낙 없이 분묘를 설치하여

20년 동안 평 온공연하게 20년 동안 점유함으로써 시효취득한 경우 : 2001. 1. 13. 이전에 설치된 분묘에 한함

분묘존속기한

- 2001. 1. 13. 이전에 설치한 분묘 정해진 기간 없이 영구존속 가능
- 2001. 1. 13. ~ 2016. 8. 30. 내에 설치된 분묘는 최초 15년 이후 최대 3회 연장하여 최장 60년까지 존속 가능
- 2016. 8. 31. 이후에 설치된 분묘는 최초 30년 이후 1회 연장하여 최장 60년까지 존속 가능

분묘기지권 유형별 지료청구

- **승낙형 분묘기지권에 의한 지료** : 토지소유자가 동의할 당시의 계약(* 약정)에 의해 결정했던 금액이 지료가 되며, 무상지료 약정도 유효하므로 이런 경우 지료는 받을 수 없다.
- **양도형 분묘기지권에 의한 지료** : "분묘는 이장하기로 한다"라는 특약이 없는 경우의 양도형 분묘기지권 경우는 분묘기지권이 성립하는 날인 새로운 소유자에게 소유권이 이전되는 날부터 지료가 청구가 가능하다.
- **시효취득형 분묘기지권에 의한 지료** : 소유자가 지료를 청구한 날부터 지료지급의무가 발생하며, 지료는 협의된 금액으로 청구하는 것이 최선의 방법이다. 하지만 협의가 되지 않는 경우는 지료청구소송을 통해 청구를 해야 하는데, 이렇게 결정되는 금액은 보통 개별공시가의 5~7% 선에서 연간지료로 결정된다.

분묘기지권 성립 여부 확인

- 시·군·구청 묘적부 확인
- 묘비에 기록된 출생년도와 사망년도 확인
- 분묘 주변 동네 지인들 탐문
- 국토지리정보원 위성사진 : 연도별 위성사진을 통해 설치시기 파악

지료 청구

구 장사 등에 관한 법률의 시행일인 2001. 1. 13. 이전에 타인의 토지에 분묘를 설치하여 20년간 평온·공연하게 분묘의 기지를 점유함으로써 분묘기지권을 시효로 취득한 경우, 분묘기지권자는 토지소유자가 지료를 청구하면 그 청구한 날부터의 지료를 지급할 의무가 있다.

손해배상 청구

법정지상권이나 분묘기지권이 성립하지 않는데도 토지를 온전히 인도하지 않는 경우 토지소유자는 토지를 정상적으로 사용하지 못하게 되는데, 이럴 때 토지소유자는 건물이나 분묘 소유자를 상대로 손해배상을 청구할 수 있다.

부당이득반환청구

부당하게 타인의 재산이나 노무에 대해 재산적 이익을 얻고, 그로 인하여 타인에게 손해를 준 자가 손실을 받은 자에게 그 이익을 반환할 것을 청구할 수 있다.

09 수목의 법정지상권

수목의 법정지상권

토지상의 입목이 경매 또는 기타 사유로 인하여 토지와 그 입목이 각각 다른 소유자에게 속하게 되는 경우 토지소유자는 입목소유자에 대하여 지상권을 설정한 것으로 본다.

그러므로 수목이 있는 토지를 경매입찰할 경우에는 우선 등기부에 입목등기가 되어 있는지의 여부를 확인하고, 또는 명인 방법에 의해 그 수목이 누구의 것이라고 또는 누구의 농장이라고 표기되어 있는지를 확인해야 한다.

만약 그 수목이 식재된 토지를 경매로 매수하면 수목의 법정지상권의 문제가 발생할 수 있다. 수목은 30년이란 지상권의 존속기간을 갖고 있어 대단히 위험하다. 그러나 경매대상 토지상의 수목이 감정평가서상에 감정이 되어 매각금액에 산입되어 있다면 아무런 문제가 없다.

입목등기

'입목등기'란 토지에 부착된 수목 집단의 소유자가 소유권보존등기를 받은 것을 말하며, 입목이란 입목에 관한 법률에 의하여 소유권 보존등기를 받은 것과 수목이 누구의 소유라고 이름을 기재한, 즉 명인 방법에 의한 것도 그 독립성을 인정받아 부동산으로 본다.

소유권양도, 저당권설정에 관하여는 입목등기부의 등기에 의하여 공시된다. 그러나 명인 방법에 의한 입목은 소유권의 객체로서 인정은 되지만 별도의 저당권이나 설정은 할 수 없다.

입목의 소유권 보존등기는 시·군에 비치되는 입목등록원부에 등록되어 있을 경우에만 할 수 있는데, 입목등기부는 물적편성주의에 따라 편철되어 각 등기소에 비치된다.

토지와 입목이 동일소유자에게 속하는 경우 어느 한쪽이 저당권의 목적이 되어 경매되고 토지와 입목의 소유자가 다르게 된 때에 토지소유자는 입목소유자에게 지상권을 설정한 것으로 본다. 지상권자 또는 토지임차인이 그의 소유입목을 저당한 경우에는 저당권자의 승낙 없이는 자기의 지상권이나 임차권을 포기하지 못하며, 또한 토지소유자와의 사이에서 합의 해지를 하지 못한다.

* **경매대상 토지를 평가**함에 있어서 그 지상에 생립한 채무자소유의 미등기과목의 가액을 포함하여 평가하여야 한다. (대판 1976. 11. 24. 선고 76마275)

* 토지의 사용대차권에 기하여 그 토지상에 식재된 수목은 이를 식재

한 자에게 그 소유권이 있고 그 토지에 부합되지 않는다 할 것이므로 비록 그 수목이 식재된 후에 경매에 의하여 그 토지를 경락받았다고 하더라도 경락인은 그 경매에 의하여 그 수목까지 경락취득하는 것은 아니라고 할 것이다. (대판 1990. 1. 23. 선고 89다카21095)

* **"권원"이라 함은 지상권, 전세권, 임차권 등과 같이 타인의 부동산에 자기의 동산을 부속시켜서 그 부동산을 이용할 수 있는 권리**를 뜻하므로 그와 같은 권원이 없는 자가 토지소유자의 승낙을 받음이 없이 그 임차인의 승낙만을 받아 그 부동산 위에 나무를 심었다면 특별한 사정이 없는 한 토지소유자에 대하여 그 나무의 소유권을 주장할 수 없다. (대판 1989. 7. 11. 선고 88다카9067)

* **타인의 토지상에 권원 없이 식재한 수목의 소유권은 토지소유자에게 귀속**되고 권원에 의하여 식재한 경우에는 그 소유권이 식재한 자에게 있다. (대판 1980. 9. 30. 선고 80도1874)

* **토지의 인도를 명한 채무명의의 효력**은 그 지상에 건립된 건물이나 식재된 수목 의 인도에까지 미치는 것이 아니고 또한 위와 같은 건물이나 수목을 그대로 둔 채 토지에 대한 점유만을 풀어 채권자에게 인도할 수도 없는 것이니, 집달관으로서는 지상에 건물이 건축되어 있거나 수목이 식재되어 있는 토지에 대하여는 그 지상물의 인도, 철거 등을 명하는 채무명의가 따로 없는 이상 토지를 인도하라는 채무명의만으로는 그 인도집행을 실시할 수 없다. (대판 1986. 11. 18. 선고

86마902)

경락받은 과수원의 과수열매의 수취권

과수원 토지 경매 시 지상과수는 정착물이므로 등기된 과수 또는 명인방법으로 공시가 된 경우가 아니라면 토지와 함께 지상과수의 가격을 평가하여 최저경매가를 정하고 토지와 함께 경매하며, 토지경락의 효력이 미친다.

민법은 제256조에서 부동산의 소유자는 타인의 권원에 의하여 부속된 것을 제외하고는 그 부동산에 부합한 물건의 소유권을 취득한다고 규정하고 있다. 판례도 타인의 토지상에 권원 없이 식재한 수목의 소유권은 토지소유자에게 귀속하고, 권원에 의하여 식재한 경우에는 그 소유권이 식재한 자에게 있다고 하였으며, 또한 "종물은 주물의 처분에 따른다"라고 하고 있다.

따라서 농작물이 아닌 이상 유실수인 감나무는 토지상에 고착화되어 토지에 부합되는 것이다. 또한 감은 감나무의 천연과실이며, 과실은 그 원물로부터 분리하는 때에 이를 '수취할 권리자'에게 속하는 것(* 민법 제102조제1항)이므로, 이미 유실수인 감나무를 토지와 함께 경매절차에서 소유권을 취득한 이상 그 감나무에 열린 감 또한 감나무의 소유자에게 속하는 것으로 봐야 한다.

수목과 농작물

- 수목은 토지의 정착물로서 독립하여서는 물권의 객체로 되지 못하는 것이 원칙이다. 따라서 과수의 열매 등과 같은 미분리과실도 수목의 일부에 지나지 않는다. 그러나 입목등기나 명인 방법에 의해 공시됨으로써 독립한 물건으로서 물권의 객체가 된다.
- 농작물은 타인의 토지에서 설령 위법하게 경작, 재배된 것이라 하더라도 또는 명인방법을 갖추지 않았더라도 경작자에게 귀속된다는 것이다. 따라서 농작물은 토지와는 독립한 물건으로 취급된다.

경작권 없이 경작한 입도의 소유권

적법한 경작권 없이 타인의 토지를 경작하였더라도 그 경작한 입도가 성숙하여 독립한 물건으로서의 존재를 갖추었으면 입도의 소유권은 경작자에게 귀속한다.

10 지역권

지역권의 의의

지역권이란 일정한 목적을 위하여 타인의 토지를 직접 점유하지 않더라도 타인의 토지를 자기토지의 편익에 이용할 수 있는 순수 용익물권이다.

예를 들면 다른 집들 사이에 둘러싸인 주택의 경우 인접해 있는 주택의 토지 중 일부를 통로로 사용할 수 있도록 하는 등 이처럼 남의 토지를 사용하지 않으면 안 될 경우 그 토지에 대하여 설정하는 것이 바로 지역권이다. 이때 편익을 받는 토지를 '요역지', 편익을 주는 토지를 '승역지'라고 한다.

지역권의 존속기간

지역권의 존속기간에는 아무런 규정이 없다. 그러므로 제한 없이 당사자는 임의로 기간을 정할 수 있다.

지역권의 성립 조건

편익을 얻게 될 토지(* 요역지)의 일부분에는 지역권을 설정할 수 없다. 그러나 편익을 주는 토지(* 승역지)의 일부분 만에는 설정할 수가 있다.

따라서 남의 토지를 이용하려면 나의 토지 전체가 편익을 얻는 경우라야 가능하다는 뜻이므로 나의 토지의 일부분에 편익을 얻기 위하여 남의 토지 전체를 사용할 수는 없다.

* 통행지역권의 시효취득 요건

민법 제294조는 지역권은 계속되고 표현된 것에 한하여 같은 법 제245조의 규정을 준용한다고 규정하고 있으므로 점유로 인한 지역권 취득기간의 만료로 통행지역권을 시효취득하려면 요역지의 소유자가 타인의 소유인 승역지 위에 통로를 개설하여 그 통로를 사용하는 상태가 위 제245조에 규정된 기간 동안 계속되어야 한다. (대판 1991. 10. 22. 선고 90다16283 [나])

* 토지소유자가 토지를 매수할 때 통로 부분은 주위의 토지소유자들을 위해 **무상으로 통행에 제공된 사실을 용인하고 그 상태에서 이를 매수한 것이라고 봄이 상당한 경우**라면 통로 주위대지를 매수한 이래 줄곧 통로 부분을 무상으로 통행해 온 주위대지 소유자에 대하여 단지 통로의 소유자라는 이유만으로 통행료를 청구하는 것은 신의칙에 위배되어 허용될 수 없다. (대판 1992. 2. 11. 선고 91다40399)

주위토지통행권(민법 제219조)

- 어느 토지와 공로 사이에 그 토지의 용도에 필요한 통로가 없는 경우에 그 토지소유자는 주위의 토지를 통행 또는 통로로 하지 아니하면 공로에 출입할 수 없거나 과다한 비용을 요하는 때에는 그 주위

의 토지를 통행할 수 있고 필요한 경우에는 통로를 개설할 수 있다. 그러나 이로 인한 손해가 가장 적은 장소와 방법을 선택해야 한다.
- 앞서의 통행권자는 통행지 소유자의 손해를 보상해야 한다.

* 주위토지통행권의 범위

민법 제219조제1항 소정의 주위토지통행권은 주위토지 소유자에게 가장 손해가 적은 범위 내에서 허용되는 것이지만 적어도 통행권자가 그 소유토지 및 지상주택에서 일상생활을 영위하기 위하여 출입을 하고 물건을 운반하기에 필요한 범위는 허용되어야 하며, 어느 정도를 필요한 범위로 볼 것인가는 통행권자의 소유토지와 주위토지의 각 지리적 상황 및 이용관계 등 제반사정을 참작하여 정해야 한다. (대판 1989. 7. 25. 선고 88 다카9364 [가])

점유로 인한 부동산소유권의 취득기간(민법 제245조)

- 20년간 소유의 의사로 평온, 공연하게 부동산을 점유하는 자는 등기함으로써 그 소유권을 취득한다.
- 부동산의 소유자로 등기한 자가 10년간 소유의 의사로 평온, 공연하게 선의이며, 과실 없이 그 부동산을 점유한 때에는 소유권을 취득한다.

상린관계

인접한 각 부동산의 이용관계를 조절하기 위하여 그 소유자 또는 이용자들이 서로 그 기능을 일정한 한도까지 양보·협력할 것으로 규정된 법률관계를 말한다.

11 전세권

전세권의 의의

전세권이란 전세금을 지급하고 농경지 이외의 타인 부동산을 점유하여 그 부동산의 용도에 좇아 사용·수익하며, 그 부동산 전부에 대하여 후순위권리자 기타 채권자보다 전세금의 우선변제를 받을 권리가 있는 담보형 용익물권이다.

전세권의 특징

- 전세금을 돌려주지 않으면 처분해서 우선변제받을 수 있는 권리로서 이것은 처분할 수 있다는 측면에서 보면 용익물권이면서도 담보물권의 성격을 갖는다.
- 전세권의 목적물은 농경지 이외의 토지나 건물이 모두 그 대상이 되는데, 전세권을 토지에 설정하여 그 토지상에 공작물, 수목 등을 사용·수익할 수도 있다.
- 전세권은 부동산의 전부 또는 일부에도 설정할 수 있다.

* **전세권은 농경지 이외의 타인 부동산을 점유하여 그 부동산의 용도에 좇아 사용·수익하는 담보형 용익물건**으로 민법에서는 "농경지는 전세권의 목적으로 하지 못한다"라고 하고 있다.

전세권의 존속기간

- 전세권의 존속기간은 10년을 넘지 못한다. 당사자의 약정기간이 10년을 넘는 때에는 이를 10년으로 단축하며, 전세권의 설정은 이를 갱신할 수 있다. 그 기간은 갱신한 날로부터 10년을 넘지 못한다.
- 건물의 전세권설정자가 전세권의 존속기간 만료 전 6월부터 1월까지 사이에 전세권자에 대하여 갱신거절의 통지 또는 조건을 변경하지 아니하면 갱신하지 아니한다는 뜻의 통지를 하지 아니한 경우에는 그 기간이 만료된 때에 전 전세권과 동일한 조건으로 다시 전세권을 설정한 것으로 본다. 이 경우 전세권의 존속기간은 정함이 없는 것으로 본다.

전세권의 소멸통고

전세권의 존속기간을 약정하지 아니한 때에는 각 당사자는 언제든지 상대방에 대하여 전세권의 소멸을 통고할 수 있고 상대방이 이 통고를 받은 날로부터 6월이 경과하면 전세권은 소멸한다.

전세권자의 경매청구권

전세권설정자가 전세금의 반환을 지체한 때에는 전세권자는 민사집행법의 정한 바에 의하여 전세권의 목적물의 경매를 청구할 수 있다. 전세권은 담보물권은 아니지만 전세금반환청구권을 확보할 수 있기 때문에 담보형 용익물권이라고 할 수 있다.

일부 전세권자의 임의경매신청 가능 여부

일부에 설정한 전세권은 임의경매청구권이 없으므로 전세보증금반환청구의 소를 제기하여 판결을 득한 후 강제경매신청을 할 수 있을 뿐이다.

* 일부전세권이 설정된 곳이 아닌 타 부분을 임차

임차인의 대항력은 건물의 말소기준권리에 의해 결정된다. 그러나 건물 일부에 설정된 전세권은 말소기준권리가 되지 못한다. 따라서 일부전세권자가 사용하지 않는 타 부분을 임차한 임차인의 대항력 유무를 판단하는 기준권리가 될 수 없다. (참고. 대판 1997. 8. 22. 선고 96다53628)

12 저당권 및 근저당권

저당권의 의의

저당권이란 채무자 또는 제3자가 점유를 이전하지 아니하고 채무의 담보로 제공한 부동산에 대하여 관념적으로 지배하고 있다가 채무자의 채무변제가 없으면 그 목적물로부터 우선변제를 받을 수 있는 담보물권이다.

저당권의 효력의 범위

저당권의 효력은 저당부동산에 부합된 물건과 종물에 미친다. 그러나 법률에 특별한 규정 또는 설정행위에 다른 약정이 있으면 그러하지 아니하다.

피담보채권의 범위

저당권은 원본, 이자, 위약금, 채무불이행으로 인한 손해배상 및 저당권의 실행비용을 담보한다. 그러나 지연배상에 대해서는 원본의 이행기일을 경과한 후의 1년분에 한하여 저당권을 행사할 수 있다.

저당권자의 경매청구권

저당권자는 그 채권의 변제를 받기 위하여 저당물의 경매를 청구할 수 있다.

근저당권의 의의

근저당이란 계속적인 거래관계로부터 채권의 증감·변동이 있더라도 장래의 결산기까지는 채권의 일정한 한도까지 담보하기 위한 저당을 말한다.

그러므로 부동산을 담보로 최고대출한도액을 정해놓고 그 한도 내에서 마음대로 빌려 쓸 수 있는 것이 근저당권이다. 이때 채무의 이자는 채권최고액 중에 산입한 것으로 본다.

근저당권의 특징

- 근저당은 피담보채권이 소멸한다 하더라도 저당권처럼 소멸되지 않는다. 그러나 피담보채권이 없으면 담보권은 없다. 즉 근저당 후 채무액을 모두 상환하였지만 등기부상에 근저당이 나타날 경우 담보권은 없다는 것이다.
- 근저당을 공시할 때는 근저당설정계약과 함께 등기를 해야 하며, 이때 반드시 최고액수를 등기해야 한다.
- 채권최고액을 넘는 채권은 우선변제의 대상이 아니며 근저당권 실행비용도 제외된다. 하지만 보통 이자는 정책적으로 포함된다. 또한 위약금이나 손해배상도 채권최고액에 포함된다.
- 경매나 공매에서 근저당권의 피담보채권의 확정시기는 근저당권자가 경매신청을 하는 경우는 경매신청 시에 확정되고, 후순위 근저당

권자가 경매신청한 경우에는 매수인의 매각대금 완납 시이다. 그리고 피담보채권은 확정되었지만 확정된 후에도 늘어나는 채권(* 연체이자와 연체료 등)은 배당지급일까지 계산(* 채권최고액 한도)된다.

근저당권자가 회수할 수 있는 채권

근저당권자가 회수할 수 있는 채권은 근저당설정액(* 채권최고액)을 초과하지 못한다. 그러나 다른 채권자에게 배당하고도 배당금의 남음이 있다면 근저당설정액을 초과한 이자와 비용에 대해서 추가로 배당받을 수 있다. 이때에는 일반채권자와 동일하게 가압류에 기한 집행권원 확보로 배당받을 수 있다.

13 질권

질권이란 채권자가 채권의 담보로서 채무자 또는 제3자(* 물상보증인)로부터 그의 채권의 담보로서 채무자의 물건을 수취하여 채무의 변제가 있을 때까지 채무자 또는 제3자로부터 받은 물건 또는 재산권을 점유하고, 유치함으로써 한편으로는 채무의 변제를 간접적으로 강제하는 동시에, 채무의 변제가 없는 경우에는 그 목적물로부터 다른 채권자에 우선하여 변제를 받는 권리를 말한다. 이는 원칙적으로 부동산 이외의 재산권에 성립되는 약정담보물권이다.

질권은 유치권처럼 법으로 정해진 담보물권이 아니라 당사자의 계약에 의해서 성립되므로 약정담보물권이라 한다.

질권자는 담보 물건을 채무의 변제가 있을 때까지 유치함으로써 채무의 변제를 간접적으로 강제하는 동시에 변제가 없는 때에는 그 질물로부터 우선적으로 변제받는다.

질권은 저당권과 함께 약정담보물권으로서 금융을 얻는 수단으로 이용되기도 하는데, 부동산을 담보로 맡기고 설정하는 것은 저당권이고, 이렇게 권리를 담보 잡을 경우의 질권을 권리질권이라 할 수 있고, 동산을 담보 잡을 경우를 동산질권이라 할 수 있다.

동산질권은 예를 들면, 전당포에 동산(* 명품이나, 금, 고가의 제품 등)을 맡기고 돈을 빌렸을 때 그것을 맡고 있는 사람이 가지는 권리이고, 채무자가 약속한 날까지 채무를 갚지 않으면 경매에서 우선 질권으로 대금을 변제받는다.

질권설정이 가능한 것은 동산(* 동산질권)과 양도할 수 있는 권리, 즉 (근)저당권, 채권, 주식, 특허권(* 권리질권) 등이다.

보통 부실채권을 취급할 경우라면 권리질권을 이용하기도 한다. 물권은 양도할 수 있는 권리이므로 근저당권자가 가지고 있는 그 근저당권을 담보(* 권리를 담보 : 권리질권)로 대출을 받는, 즉 근저당질권이 이용되고 있다.

14 유치권

유치권의 의의

유치권이란 타인의 물건 또는 유가증권을 점유한 자가 그 물건이나 유가증권에 관하여 생긴 채권이 변제기에 있는 경우에는 변제를 받을 때까지 그 물건 또는 유가증권을 유치할 권리를 말하는 것으로서 그 점유가 불법행위로 인한 경우에는 적용하지 아니 하며, 당사자의 계약에 의해 발생되는 것이 아닌 일정한 요건만 갖추면 당연히 발생되는 법정담보물권이다.

예를 들어 시계를 수선했으면 수리비를 다 받을 때까지 돌려주지 않을 수 있는 권리 또는 대항력 있는 임차인이 지급한 보증금이나 투입된 유익비를 받을 때까지 임차물을 그대로 점유하는 권리를 의미한다.

유치권의 특성

유치권에 관한 규정은 강행규정이 아니라 임의규정의 성질을 가지므로 특약으로 유치권발생을 배제하여도 유효하다. 또한 유치권은 동산 및 부동산에도 성립된다. 특히 부동산인 경우 별도의 등기를 요하지 않는, 즉 담보물권이면서도 등기할 수 없는 권리이며, 오직 점유에 의하여 공시된다.

유치권의 성립요건

- 채권이 유치(* 점유)하고 있는 목적물에 관하여 생긴 것이라야 한다.
- 목적물은 점유해야 하고, 또 점유(* 직접점유, 간접점유 또는 보조점유)가 계속돼야 한다.
- 채권의 변제기가 도래하지 않으면 유치권은 성립하지 않고, 변제기에 대한 약정이 없으면 점유와 함께 유치권이 성립한다.
- 당사자 간에 유치권의 발생을 배제하는 특약이 없어야 한다.

경매실무에서 발생하는 유치권의 종류

- 경매목적부동산에 대한 필요비 또는 유익비 지출 비용에 의한 유치권
- 경매목적부동산의 공사대금에 의한 유치권

유치권에 기한 직접점유 및 간접점유

유치권에 기한 점유는 점유권원에 기한 적법한 점유여야 한다. 따라서 불법적인 실력행사에 의한 무단 불법점유나 불법침입자의 점유는 점유권원이 없는 것이기 때문에 유치권에 기한 적법한 점유라 볼 수 없다.

또한 간접점유의 경우 채무자의 동의 없이 한 제3자의 점유는 채무자의 유치권소멸청구에 의하여 소멸되므로 채무자의 동의 없이 점유를 이전하면 그 유치권은 소멸될 수가 있다.

유치권자의 경매실행권

유치권자는 채권의 변제를 받기 위하여 유치물을 경매할 수 있는데, 이 경우의 경매는 담보권실행에 의한 임의경매이며, 유치권이 존재하는 증명서면을 갖추어 경매신청을 해야 한다.

유치권자의 간이변제충당권

정당한 이유 있는 때에는 유치권자는 감정인의 평가에 의하여 유치물로 직접 변제에 충당할 것을 법원의 허가를 청구할 수 있다. 이 경우 유치권자는 미리 채무자에게 통지해야 한다.

* 유치권은 우선변제적 효력이 없다

경매실행시 유치권에 기한 채권은 매각대금에서 우선변제를 받을 수 있는 우선변제권의 규정을 두고 있지 않다. 따라서 유치권은 우선변제권이 없으나 매수인이 유치권의 물적 부담을 인수하게 되어 유치권자는 그 매수인의 채무변제가 없으면 목적물의 인도를 거절할 수 있다. 그러므로 실질적으로 채권회수에 불리하지 않다.

유치권자의 과실수취권

- 유치권자는 유치물의 과실을 수취하여 다른 채권보다 먼저 그 채권의 변제에 충당할 수 있다. 그러나 과실이 금전이 아닌 때에는 경매해야 한다.
- 과실은 먼저 채권의 이자에 충당하고 그 잉여가 있으면 원본에 충당한다.

유치권의 선관의무

- 유치권자는 선량한 관리자의 주의로 유치물을 점유해야 한다.
- 유치권자는 채무자의 승낙 없이 유치물의 사용, 대여 또는 담보제공을 하지 못한다. 그러나 유치물의 보존에 필요한 사용은 그러하지 아니 하다.
- 유치권자가 전2항의 규정에 위반한 때에는 채무자는 유치권의 소멸을 청구할 수 있다.

유치권자의 상환청구권

- 유치권자가 유치물에 관하여 필요비를 지출한 때에는 소유자에게 그 상환을 청구할 수 있다.
- 유치권자가 유치물에 관하여 유익비를 지출한 때에는 그 가액의 증가가 현존한 경우에 한하여 소유자의 선택에 좇아 그 지출한 금액이나 증가액의 상환을 청구할 수 있다. 그러나 법원은 소유자의 청구에 의하여 상당한 상환기간을 허여할 수 있다.

유치권의 소멸

유치권은 물권의 일반적인 소멸원인, 즉 목적물의 멸실, 토지수용, 혼동, 포기 등에 의하여 소멸된다. 특유한 소멸사유는 유치권자의 점유상실, 유치목적물에 대한 선관주의 의무를 위반하거나 무단사용·대여하거나 채무자가 상당한 담보제공을 한 경우에는 채무자의 일방적 의사표시로 유치권의 소멸을 청구할 수 있다. 그러나 유치권은 소멸시효의 대상이 아니다.

유치권에 대한 유의사항

유치권은 공시하는 권리가 아니므로 등기부상에서 확인이 되지 않는다. 그러므로 어떠한 서류에도 그에 대한 기록을 확인할 수도 없다. 그리고 유치권은 반드시 신고를 해야 하는 것이 아니므로 유치권은 신고 없이도 발생할 수 있다는 것을 유념해야 한다.

따라서 유치권 주장자가 법원에 유치권신고를 하고 채권신고서를 제출하여 입찰예정자가 유치권의 존재를 확인할 수 있다면 다행이지만, 만약 유치권자의 권리신고가 없어 매수인이 낙찰받은 후에 유치권이 존재한다는 사실을 알게 되었을 경우에는 매수인은 입찰보증금을 포기하고 대금지급을 포기해야 하는 경우가 있을 수 있다.

이와 같이 경매기록에 없던 유치권이 매수 후 유치권을 주장하는 자가 출현하면 매수인은 매각결정기일까지는 매각불허가신청을, 매각허가결정이 나면 매각허가결정에 대한 즉시항고를, 그래도 매각허가결정이 확정되면 매각대금납부 전에 매각허가결정의 취소신청을 할 수도 있으며, 만약 신청이 이유 있다고 받아들여지면 입찰보증금도 반환받을 수도 있을 것이다.

참고로 경매진행 시 유치권을 주장하는 자의 유치권신고가 있게 되면 경매절차상의 새로운 이해관계인으로 되며, 유치권은 점유를 하고 있어야 주장할 수 있기 때문에 현장조사 시 이에 대한 부분이 드러날 때가 있다.

그러므로 현장조사를 잘 해야 하고, 만일 유치권이 있거나 주장한다면 필요비나 유익비 등으로 지출했다고 하며 제출된 영수증 등과 서류들을 꼼꼼히 대조확인하면서 주장하는 유치권에 대한 대응 방법을 찾아야 한다.

* **건물점유자가 건물의 원시취득자에게 그 건물에 관한 유치권이 있다고 하더라도 그 건물의 존재와 점유가 토지소유자에게 불법행위가 되고 있다면 그 유치권으로 토지소유자에게 대항할 수 없다.** (대판 1989. 2. 14. 선고 87다카3073 [나])

* **임대인과 임차인 사이에 건물명도 시 권리금을 반환하기로 하는 약정이 있었다 하더라도 그와 같은 권리금반환청구권은 건물에 관하여 생긴 채권이라 할 수 없으므로** 그와 같은 채권을 가지고 건물에 대한 유치권을 행사할 수 없다. (대판 1994. 10. 14. 선고 93다62119 [다])

* **점유라고 함**은 물건이 사회통념상 그 사람의 사실적 지배에 속한다고 보여 지는 객관적 관계에 있는 것을 말하고 사실상의 지배가 있다고 하기 위해서는 반드시 물건을 물리적·현실적으로 지배하는 것만을 의미하는 것이 아니고 **물건과 사람과의 시간적·공간적 관계와 본권관계, 타인지배의 배제가능성 등을 고려**하여 사회관념에 따라 합목적적으로 판단해야 한다. (대판 1996. 8. 23. 선고 95다8713 [1])

* 경락인은 유치권자에게 그 유치권으로 담보하는 채권을 변제할 책임이 있다고 규정하고 있는바, 여기에서 '변제할 책임이 있다'는 의미는 부동산상의 부담을 승계한다는 취지로서 인적 채무까지 인수한다는 취지는 아니므로, 유치권자는 경락인에 대하여 그 피담보채권의 변제가 있을 때까지 유치목적물인 부동산의 인도를 거절할 수 있을 뿐이고 그 피담보채권의 변제를 청구할 수는 없다. (대판 1996. 8. 23. 선고 95다8713 [3])

* **유치권의 성립요건인 유치권자의 점유**는 직접점유이든 간접점유이든 관계없지만, 유치권자는 채무자의 승낙이 없는 이상 그 목적물을 타에 임대할 수 있는 처분권한이 없으므로 유치권자의 그러한 임대행위는 소유자의 처분권한을 침해하는 것으로서 **소유자에게 그 임대의 효력을 주장할 수 없고, 따라서 소유자의 동의 없이 유치권자로부터 유치권의 목적물을 임차한 자의 점유**는 '경락인에게 대항할 수 있는 권원'에 기한 것이라고 볼 수 없다. (대판 2002. 11. 27. 선고 2002마3516)

* **다세대주택의 창호 등의 공사를 완성한 하수급인이 위 다세대주택 중 한 세대를 점유하여 유치권을 행사하는 경우** 그 유치권은 위 한 세대에 대하여 시행한 공사대금만이 아니라 다세대주택 전체에 대하여 시행한 공사대금채권의 잔액 전부를 피담보채권으로 하여 성립한다. (대판 2007. 9. 7. 선고 2005다16942)

유치권은 명도소송을 통하여 입증할 사안

대부분 미지급 공사대금이 원인이지만 필요비나 유익비의 지출 등을 이유로 하는 것인데, 권리신고를 필요로 하지 않는 권리이므로 유치권자가 법원에 그 권리에 대한 신고를 할 필요는 없다.

그러나 유치권자는 매각기일까지 권리신고를 함으로써 이해관계인이 되며, 경매법원이 그 권원의 주장에 대해 어느 정도의 확신이 있다고 판단하면 입찰물건명세서상에 '유치권 성립여지 있음' 등을 표기하여 입찰자에게 고지하게 되는데, 이의 권리신고가 되어 있음이 입찰물건명세서상에 표기되어 있더라도 실체적인 권리를 인정하는 것은 결코 아니며, 유치권은 명도소송을 통하여 입증할 사안이다.

유치권자에 대한 심문

유치권자의 유치권 신고 시 경매계에서는 이의 진정성 여부를 확인하고 접수받는 것이 아니기 때문에 간혹 법원에서는 그 유치권의 진정성을 확인하기 위하여 유치권 신고자에게 1차적으로 '심문기일소환장'을 발부하여 심문해 보는 경우가 있다. 그러므로 그 진정성이 없는 유치권은 그 권리를 인정받기가 그리 쉬운 것은 아니다. 그리고 인도명령 시 상대방이 인도명령에 불응을 하거나 하면 이때에도 불응에 대한 사유를 듣고자 심문기일소환장을 발부하기도 한다.

상사유치권

상법 제58조에서는 "상인 간의 상행위로 인한 채권이 변제기에 있는 때에는 채권자는 변제를 받을 때까지 그 채무자에 대한 상행위로 인하여 자기가 점유하고 있는 채무자소유의 물건 또는 유가증권을 유치할 수 있다. 그러나 당사자 간에 다른 약정이 있으면 그러하지 아니하다"라고 규정하고 있다.

상사유치권은 채권자와 채무자가 모두 상인인 경우에 인정되는 것이며, 소상인이라도 관계없다. 또한 양 당사자의 상인자격은 피담보채권이 성립할 때에만 있으면 되고 유치물을 점유할 때에는 채무자만이 상인자격이 있어도 되며, 변제기나 유치권을 행사할 때에는 양 당사자 중 일방 또는 쌍방이 모두 상인자격을 상실하였더라도 일단 성립한 유치권을 행사할 수 있다.

상사유치권의 경우는 민사유치권과는 달리 채권은 상인 간의 쌍방적 행위로 인하여 발생한 것이어야 하고, 유치의 목적물은 채무자가 소유권을 갖는 것이어야 한다는 점이 민사유치권과 다르다.

민사유치권의 경우는 민법 제320조제1항에 유치의 목적물에 관하여는 '타인의 물건 또는 유가증권'이라고 규정하고 있는데, 이는 상사유치권의 경우와는 달리 채무자뿐만 아니라 제3자의 소유에 속하는 물건 또는 유가증권도 포함된다.

15 필요·유익비

필요비란 물건을 보존하고 관리하기 위하여 필요한 비용, 유익비란 물건의 보존상 필수불가결하게 지출이 요구되는 비용은 아니더라도 물건의 개량을 위해 당해 물건에 관하여 지출된 비용으로서 그 물건의 객관적인 가치를 증가시키는 데에 사용한 비용을 말한다.

지출한 비용이 유익비인가의 여부는 건물의 사용목적과 기타 구체적인 사정을 고려하여 판단하게 되는데, 대체로 방이나 부엌을 증축한 경우 그 증축에 지출한 비용 또는 변소, 오물처리장, 담장 등을 축조한 비용 등이 유익비로 인정되고 있으며, 건물입구의 진입로나 건물 내 바닥을 콘크리트 등으로 포장한 경우에 있어서도 유익비로 인정될 가능성이 있으나 이러한 시설들이라도 오직 임차인이 자기의 영업에 필요한 시설을 하기 위하여 지출한 비용은 특별한 사정이 없는 한 유익비로 인정되지 않는다. 따라서 필요유익비가 해당 부동산의 보존과 개량을 위하여 필요유익비로서의 지출이었음에도 불구하고 경매법원으로부터 배당받기란 쉽지 않다.

따라서 필요비나 유익비의 비용을 경매법원에서 배당으로 받지 못한 임차인이나 점유자는 그 비용에 대한 상환청구권을 이유로 매수인에 대하여 유치권을 행사하여 법원의 배당 외에서 해결을 봐야 할 것이다.

점유자의 상환청구권

- 점유자가 점유물을 반환할 때에는 회복자에 대하여 점유물을 보존하기 위하여 지출한 금액 기타 필요비의 상환을 청구할 수 있다. 그러나 점유자가 과실을 취득한 경우에는 통상의 필요비는 청구하지 못한다.
- 점유자가 점유물을 개량하기 위하여 지출한 금액 기타 유익비에 관하여는 그 가액의 증가가 현존한 경우에 한하여 회복자의 선택에 좇아 그 지출금액이나 증가액의 상환을 청구할 수 있고, 법원은 회복자의 청구에 의하여 상당한 상환기간을 허여할 수 있다.

제3취득자의 비용상환청구권

저당물의 제3취득자가 그 부동산의 보존, 개량을 위하여 필요비 또는 유익비를 지출한 때에는 제203조 제1항, 제2항의 규정에 의하여 저당물의 경매대가에서 우선 상환을 받을 수 있다.

임차인의 상환청구권

- 임차인이 임차물의 보존에 관한 필요비를 지출한 때에는 임대인에 대하여 그 상환을 청구할 수 있다.
- 임차인이 유익비를 지출한 경우에는 임대인은 임대차종료 시에 그 가액의 증가가 현존한 때에 한하여 임차인의 지출한 금액이나 그 증가액을 상환해야 한다. 이 경우에 법원은 임대인의 청구에 의하여 상

당한 상환기간을 허여할 수 있다.

임차인의 부속물매수청구권
- 건물 기타 공작물의 임차인이 그 사용의 편익을 위하여 임대인의 동의를 얻어 이에 부속한 물건이 있는 때에는 임대차의 종료 시에 임대인에 대하여 그 부속물의 매수를 청구할 수 있다.
- 임대인으로부터 매수한 부속물에 대하여도 같다

전차인의 부속물매수청구권
- 건물 기타 공작물의 임차인이 적법하게 전대한 경우에 전차인이 그 사용의 편익을 위하여 임대인의 동의를 얻어 이에 부속한 물건이 있는 때에는 전대차의 종료 시에 임대인에 대하여 그 부속물의 매수를 청구할 수 있다.
- 임대인으로부터 매수하였거나 그 동의를 얻어 임차인으로부터 매수한 부속물에 대하여도 같다.

* 건물임차인의 매수청구권의 대상으로 규정한 '부속물'이란 건물에 부속된 물건으로 임차인의 소유에 속하고, 건물의 구성 부분으로는 되지 아니한 것으로서 건물의 사용에 객관적인 편익을 가져오게 하는 물건을 말하므로 부속된 물건이 오로지 건물임차인의 특수한 목적에 사용하기 위하여 부속된 것일 때에는 부속물매수청구권의 대상이 되는 물건이라 할 수 없으며 당해 건물의 객관적인 사용목적은 그 건물 자체의 구조와 임대차계약 당시 당사자 사이에 합의된 사용목적, 기

타 건물의 위치, 주위환경 등 제반 사정을 참작하여 정하여지는 것이다. (대판 1991. 10. 8. 선고 91다8029 [나])

* **임대인의 상환의무를 규정하고 있는 유익비**란 임차인이 임차물의 객관적 가치를 증가시키기 위하여 투입한 비용을 말하는 것이므로, 임차인이 임차건물부분에서 간이음식점을 경영하기 위하여 부착시킨 시설물에 불과한 간판은 건물부분의 객관적 가치를 증가시키기 위한 것이라고 보기 어려울 뿐만 아니라, 그로 인한 가액의 증가가 현존하는 것도 아니어서 그 간판설치비를 유익비라 할 수 없다. (대판 1994. 9. 30. 선고 94다20389, 20396 [가])

* **임차인이 임차목적물을 반환할 때에는 일체 비용을 부담하여 원상복구를 하기로 약정한 경우** 임차인의 유익비상환청구권을 포기하기로 한 특약이라고 본다. (대판 1994. 9. 30. 선고 94다20389, 20396 [나])

* **유익비상환청구에 관하여 점유자가 점유물을 개량하기 위하여 지출한 금액 기타 유익비**에 관하여는 그 가액의 증가가 현존한 경우에 한하여 회복자의 선택에 좇아 그 지출금액이나 증가액의 상환을 청구할 수 있다고 규정하고 있고, 임차인이 유익비를 지출한 경우에는 임대인은 임대차종료 시에 그 가액의 증가가 현존한 때에 한하여 임차인의 지출한 금액이나 그 증가액을 상환하여야 한다. (대판 2002. 11. 22. 선고 2001다40381)

제5장

권리분석 시 확인사항

01 권리분석 시 필수 확인사항

응찰하고 싶은 경매목적부동산이 선정되었다면 매수 시 인수해야 할 권리나 부담이 있게 될 요소가 무엇인지를 반드시 체크 확인해야 한다.

- 등기상 매수인 인수권리 유무 확인
- 대항력 있는 임차인 유무 확인 및 인수보증금 액수 확인
- 임차인 권리신고·배당요구신청 유무 및 가장임차인 여부 확인
- 소유자, 채무자, 임차인 등의 실제 거주 여부 및 공실 유무 확인
- 특별매각조건(* 인수권리, 입찰보증금 20%, 농지취득자격증명원 제출 등) 확인
- 재매각물건인 경우 재매각 사유 점검 확인
- 매각물건명세서상 매각으로 말소되지 않는 인수권리 유무 확인
- 대위변제 가능성 여부 확인
- 유치권 유무 및 성립 여부 확인
- 대지권제외·토지별도등기 유무 확인
- 제시외 건물·법정지상권 유무 및 성립 여부 확인
- 공사 중단된 건물의 건축허가승계 가능성 여부 확인
- 양도금지 재산 여부 확인
- 위락시설 내의 업종 승계가능성 확인

- 공장허가·영업허가 여부 확인
- 진입도로나 맹지 여부 확인
- 화재, 침수, 누수 등 매각부동산상의 하자 유무 확인
- 관리비 등의 각종 공과금 및 수도·가스 사용료의 체납 유무 확인
- 인도명령 대상·명도소송 대상 여부 확인
- 불법·위반건축물 여부 및 원상회복의무·이행강제금 부담 유무 확인

02 지분물건 경·공매 시 유의사항

지분매각인 경매목적부동산을 입찰 시 유의사항

지분매각인 경매목적부동산을 입찰할 경우 공유자에게 우선매수권이 있어 응찰자가 최고가매수신고인이 되더라도 그 자격을 우선매수신고를 한 공유자에게 돌려주게 되거나, 공유자의 우선매수신고가 없는 경우라도 매수 후에 매매나 사용 등에 여러 가지의 제한이 따를 수 있다.

그러나 지분매각의 물건은 매각가가 보통의 물건들보다는 대부분 저가의 가격으로 매각되기도 하므로 응찰자가 만족할 만큼 가격이 저렴하다면 매수를 노려볼만 하다.

그리고 권리관계가 복잡하다고 생각하거나 공유자가 반드시 우선매수 신청을 할 것이라고 판단하여 무조건 입찰을 포기해야 하는 물건으로 생각해서는 안 된다. 왜냐하면 지분물건이라고 해서 반드시 공유자가 우선매수신고를 한다는 보장도 없기 때문이다.

지분권자에게는 공유물분할청구권이란 권리도 있으므로 공유자 상호간 협의가 잘 되지 않아 이 권리를 행사하면 보통 법원은 공유물분할경매인 형식적 경매를 통하게 되는데, 이런 경우 타 공유자에게도 손실이 따를 수 있기 때문에 공유자 간의 협의가 그렇게 어렵지 않을 수도 있다.

재개발지역 지분경매물건 입찰 시 유의사항

지분물건은 타 지분권자들과의 권리관계가 다소 복잡하다는 사유로 보통 감정가의 절반 정도의 수준으로 매각에 나와 있는 것도 많으며, 재개발지역 내의 지분물건은 아파트 등의 분양자격을 받을 수 있을 것으로 믿고 보통의 지분물건보다 좀 더 높은 가격에 낙찰이 되는 사례들을 종종 보기도 한다.

그러나 재개발지역 지분경매물건의 허와 실이 다소 있을 수 있다. 왜냐하면 재개발지역 내의 지분물건이라고 해서 무턱대고 분양자격도 없는 물건에 비싼 가격으로 입찰을 보는 것이 문제이기 때문인데, 상황에 따라서는 혼자만이 분양자격을 갖게 되는 것이 아니라 분양자격 1개를 두고 타 지분권자와 지분만큼의 공동조합원이 되기도 하기 때문이다.

또한 최저매각가가 크게 낮아졌다 해도 조합원 지분가치를 산정하는 보상평가금이 보통 감정가의 절반 수준에 못 미치고 있는 것이 다수이므로 크게 실익이 없을 수도 있기 때문에 재개발지역 내의 지분물건을 입찰 볼 때에는 분양자격은 물론이고 그 실익을 잘 따져봐야 한다.

지분경매물건 여부 확인

지분경매라는 사실을 알고 입찰에 응하는 것은 모르나, 간혹 지분경매인 줄 모르고 가격이 너무 싸게 떨어져 있다고 입찰을 보아 낭패를 보는 경우가 종종 있다. 이렇게 지분경매인 줄을 모르고 입찰하였다가 후에 이의 사실을 알고 대금납부를 못하는 것은 물론 입찰보증금만 날려버린 채 재매각되는 것을 가끔씩 볼 수 있다. 그러므로 등기부등본과 법원에서 제공하는 열람서류 등을 잘 확인해야 한다.

면적 산정법

- **㎡를 평으로 환산 시** : ㎡ 면적 × 0.3025 또는 ㎡ 면적 ÷ 3.3058 = 평 면적
- **평을 ㎡로 환산 시** : 평 면적 × 3.3058 또는 평 면적 ÷ 0.3025 = ㎡ 면적

공유지분 계산법

- 600㎡(1/2) 표기 : 600㎡의 1/2이므로 300㎡.
- 2,000㎡(12345/23456) 표기 : 2,000 × 12,345 ÷ 23,456 = 1,052.6㎡.
- 3456/4567㎡ 표기 : 토지 전체의 넓이가 4,567㎡이고, 이 중 3,456㎡가 경매할 지분이다.

물건의 공유

- 물건이 지분에 의하여 수인의 소유로 된 때에는 공유로 한다.
- 공유자의 지분은 균등한 것으로 추정한다.

공유지분의 처분과 공유물의 사용, 수익

공유자는 그 지분을 처분할 수 있고 공유물 전부를 지분의 비율로 사

용, 수익할 수 있다.

공유물의 처분, 변경
공유자는 다른 공유자의 동의 없이 공유물을 처분하거나 변경하지 못한다.

공유물의 관리, 보존
공유물의 관리에 관한 사항은 공유자의 지분의 과반수로써 결정한다. 그러나 보존행위는 각자가 할 수 있다.

공유물의 부담
- 공유자는 그 지분의 비율로 공유물의 관리비용 기타 의무를 부담한다.
- 공유자가 1년 이상 전항의 의무이행을 지체한 때에는 다른 공유자는 상당한 가액으로 지분을 매수할 수 있다.

지분포기 등의 경우의 귀속
공유자가 그 지분을 포기하거나 상속인 없이 사망한 때에는 그 지분은 다른 공유자에게 각지분의 비율로 귀속한다.

공유물의 분할청구
- 공유자는 공유물의 분할을 청구할 수 있다. 그러나 5년 내의 기간으로 분할하지 아니할 것을 약정할 수 있다.

- 앞서의 계약을 갱신한 때에는 그 기간은 갱신한 날로부터 5년을 넘지 못한다.
- 앞서의 규정은 구분소유건물과 경계표의 공유물에는 적용하지 아니한다.

분할의 방법
- 분할의 방법에 관하여 협의가 성립되지 아니한 때에는 공유자는 법원에 그 분할을 청구할 수 있다.
- 현물로 분할할 수 없거나 분할로 인하여 현저히 그 가액이 감손될 염려가 있는 때에는 법원은 물건의 경매를 명할 수 있다.

분할로 인한 담보책임
공유자는 다른 공유자가 분할로 인하여 취득한 물건에 대하여 그 지분의 비율로 매도인과 동일한 담보책임이 있다.

참고로 구체적인 사용·수익을 위해서는 공유자들이 협의해야 한다. 공유자들 간 합의 없이는 공유자 중의 한 사람이라 하더라도 공유부분의 특정부분을 배타적으로 사용·수익할 수 없다. 그 특정한 부분이 자기의 지분비율에 상당하는 면적의 범위 내라 할지라도 마찬가지이다. 이러한 협의는 공유물의 관리에 해당하므로 공유자지분의 과반수로써 결정한다.

03 공유자의 우선매수권과 우선매수신고

일반적으로 공유자란 부동산의 공동소유자를 말한다. 그러나 경매에서의 의미는 경매목적부동산 중 채무자의 지분이 아닌 다른 지분을 소유한 자를 일컫는 한정된 의미로 사용되며 해당 경매사건의 이해관계인이다.

공유자 우선매수권

공유자 우선매수권이란 공유물 지분경매의 경우 타 공유자가 매각기일까지 최저매각가의 10%에 해당하는 현금이나 법원이 인정하는 유가증권을 집행관에게 보증을 제공하며 최고가매수신고가격과 같은 가격으로 채무자의 지분을 우선매수하겠다는 신고를 할 수 있는 권리를 말한다.

공유자 우선매수신고의 장점

집행관이 최고가매수신고인의 성명과 그 가격을 호창, 차순위매수신고 최고 후 적법한 차순위매수신고가 있으면 차순위매수신고인을 정하여 그 성명과 가격을 호창하고 매각기일을 종결한다는 고지를 하기 전까지 공유자는 우선매수신고를 할 수 있으며, 공유자의 우선매수신고가 있는 경우 법원은 최고가매수신고가 있더라도 그 공유자에게 매각을 허가해야 한다.

만약 수인의 공유자가 우선매수신고를 하는 경우 특별한 협의가 없으면 공유지분의 비율에 따라 지분을 매수한다.

공유자가 우선매수신고를 하였으나 다른 매수신고인이 없을 때에는 최저매각가격으로 매수신고할 수 있다.

최고가매수신고인이 있을 경우 동일 가격으로 공유자가 최고가매수신고인이 되며, 이때 최고가매수신고인은 차순위매수신고인으로 본다. 그러나 집행관이 매각기일을 종결한다는 고지를 하기 전까지 차순위매수신고인의 지위를 포기할 수 있다.

* 공유물분할을 위한 형식적 경매에서는 공유자우선매수 불가
공유물분할의 방법에 관하여 협의가 성립되지 아니한 때에는 공유자는 법원에 그 분할을 청구할 수 있는데, 현물로 분할할 수 없거나 분할로 인하여 현저히 그 가액이 감손될 염려가 있는 때에는 법원은 물건의 경매를 명할 수 있다. (민법 제269조)

그리고 공유물 분할을 위한 형식적 경매에서 공유지분권자는 우선매수권을 행사할 수 없다. 왜냐하면 공유물 분할을 위한 형식적 경매는 전체지분을 매각하는 것이기 때문이다.

단, 공유지분경매와 공유물분할을 위한 경매가 경합하는 경우 즉, 애당초 공유지분을 갖고 있던 공유자가 상속재산 분할 당사자인 공유자로서의 지위와 경매대상이 아닌 공유지분권자로서의 지위도 겸하고 있다면 공유자로서 우선매수신청이 가능하다.

공유물 분할을 위한 형식적 경매에서 '공유자 우선매수권'은 없으나 공유지분권자의 입찰에는 그 제한이 없으므로 일반 입찰자와 동일한 조건으로 입찰할 수 있으며, 공유지분권자가 입찰에 참여한 후 낙찰을 받게 되면 그 지분비율에 해당하는 배당액만큼을 상계신청도 할 수 있다.

04 대위변제

대위변제의 의의

대위변제란 이해관계가 있는 제3자가 채무자 대신 채무를 변제할 때, 채권자가 채무자에 대하여 가지고 있던 권리(* 채권자대위권, 채권자취소권, 손해배상청구권, 이행청구권 등)를 변제자에게 이전하는 것을 대위변제라고 한다. 즉 제3자가 채무자의 채무를 대신 갚으면 채권자가 채무자에게 가지고 있던 권리가 제3자인 변제자에게 이전되는 것이다.

대위변제의 가능성

대위변제의 가능성은 말소기준권리가 되는 담보물권의 실제 채권액이 적고, 말소기준권리 후의 채권액이 많을수록 높다. 대위변제로 인하여 경매 과정에서 일부의 권리가 말소되고 권리의 순위가 바뀌는데, 경우에 따라서는 뜻하지 않게 매수인이 인수해야 하는 권리가 생길 수 있다.

따라서 경매에 참가하면서 대위변제를 할 가능성이 없는지를 반드시 체크해보아야 한다. 특히 임차인이 많은 경우, 선순위의 채권을 합한 금액이 적은 경우, 최저매각가가 공시지가보다 훨씬 낮은 경우, 특히 말소기준권리 바로 다음에 주택임차권이나 가등기·가처분이 있는 경우에는 대위변제의 가능성이 있다고 볼 수 있다.

이의신청

매각결정기일 전에 선순위 저당권이 말소된 것을 알게 된 경우에는 즉시 매각불허가 신청을 내고, 매각허가결정 후에 이를 알게 된 경우에는 매각허가에 대한 이의신청이나 매각대금감액신청을 하여 구제받을 수 있다.

대위변제에 대한 법원의 처리

대위변제로 인한 임차인의 순위상승은 주거안정의 목적을 위하여 제정된 주택임대차보호법의 취지에도 잘 맞다. 다만 경매법원으로서는 매각기일 이후의 후순위 권리자의 대위변제로 인하여 경매절차가 번거로워지는 것과는 관계없이 매각허가결정에 대한 처리가 복잡해지는 것이 문제이다.

대위변제하여 순위가 상승함으로써 매수인에게 대항할 수 있는 권리로 변경되었다고 해서 매수인에게 부담의 증가를 떠넘길 수만은 없다. 그래서 경매법원은 후순위 권리자의 대위변제의 종기를 매각대금납부일 전까지로 허용하여 후순위 권리자의 권익을 보호하되 이로 인하여 매수인에게 부담의 증가가 발생했을 때에는 매수인 또한 구제하기 위하여 대금납부 전까지는 매수인으로부터 매각대금감액 신청을 받거나 매각허가결정의 취소신청(* 매각결정기일까지는 매각불허가신청)을 받아들여 매수인의 피해를 구제한다.

대위변제 가능성 있는 권리분석

예 서울의 아파트로 현재 감정가는 2억 원이며, 아래와 같다고 가정해보자.

번호	대항·접수일	권리	금액(만 원)
1	2018. 6. 2	저당권	2,000
2	2019. 6. 2	홍길동 확정일자 없고, 배당요구	15,000
3	2020. 6. 2	저당권	8,000
4	2021. 6. 2	저당권	7,000

앞서의 사례에서 살펴보면 감정가가 2억 원이므로 매각은 통상 2억 원 이하로 될 것이고, 2번 임차인 홍길동은 선순위 저당권보다 대항요건일이 늦기 때문에 대항력이 없으며, 배당요구신청을 하였지만 소액보증금(* 최초담보물권인 저당권은 2018. 6. 2. 설정되었으므로 주택임대차보호법상 2016. 3. 31. ~ 2018. 9. 17.의 경과별 소액보증금은 1억 원 이하임)에 해당하지 않아 최우선변제권이 없다. 그리고 확정일자도 없기 때문에 우선변제권도 없는 상황이다.

그러므로 이런 경우 임차인은 배당금이 한 푼도 없을 수가 있다. 만약 이 물건이 1억 5,000만 원에 매각되었다고 가정하면 배당금 전액이 1, 3, 4번 저당권자들에게 순차적으로 지급될 것이므로 임차인 홍길동은 회수할 배당금이 한 푼도 없다.

이런 상황을 알아차린 임차인이 매각결정기일(* 실무상 매각대금 납부 전까지)까지 1번 선순위 저당권의 채권액 2,000만 원을 대신 상환해버

리면 선순위의 저당권은 소멸될 것이고, 그러면 임차인 홍길동은 대항력이 생겨나서 매수인에게 대항할 수 있게 될 것이다. 따라서 후순위인 임차인 홍길동의 대위변제로 인하여 매수인은 임차인의 보증금 1억 5,000만 원을 인수하게 될 것이고, 임차인 홍길동은 막대한 보증금 손실을 줄일 수가 있게 되었다.

결국 대위변제로 임차인은 단 한 푼도 배당을 받을 수 없는 상황에서 생겨난 대항력으로 인하여 보증금 1억 5,000만 원을 매수인으로부터 받을 수가 있게 되므로 매수인의 입장에서는 임차인의 보증금 1억 5,000만 원을 추가로 부담해야 하는 돌발 상황이 발생하게 된다.

그러므로 입찰자는 선순위 채권이 적을 때에는 후순위자의 대위변제에 주의를 기울여야 하며, 매수인이 된 후에는 대금납부 전까지 등기부상 선순위권자가 말소되었는지의 여부를 확인하기 위해서 등기부등본을 열람해야 한다.

* **선순위 근저당권의 존재로 후순위 임차권의 대항력이 소멸하는 것**으로 알고 부동산을 낙찰받았으나, 그 이후 **선순위 근저당권의 소멸로 인하여 임차권의 대항력이 존속하는 것으로 변경**됨으로써 낙찰부동산의 부담이 현저히 증가하는 경우에는 낙찰인으로서는 민사소송법 제639조제1항의 유추적용에 의하여 낙찰허가결정의 취소신청을 할 수 있다. (대판 1998. 8. 24. 선고 98마1031 [2])

* 매각허가결정의 취소신청

천재지변, 그 밖에 자기가 책임을 질 수 없는 사유로 부동산이 현저하게 훼손된 사실 또는 부동산에 관한 중대한 권리관계가 변동된 사실이 경매절차의 진행 중에 밝혀진 때에는 규정한 사실이 매각허가결정의 확정 뒤에 밝혀진 경우에는 매수인은 대금을 낼 때까지 매각허가결정의 취소신청을 할 수 있고, 이 신청에 관한 결정에 대하여는 즉시항고를 할 수 있다. (민사집행법 제127조 : 민사소송법 제639조)

매각허가결정의 취소신청에 의한 대위변제금의 회수

대위변제된 금원은 채무자에 대한 일반채권이며, 이의 채권에 의해 구상권이라는 특정한 권리로 인하여 구상금청구소송을 통하여 집행권원을 확보할 수가 있다. 그러나 집행권원을 확보한 대위변제자의 채무자에 대한 채권회수는 채무자가 채무를 변제할 수 있는 경제적 여건이 형성되었을 때에야 비로소 가능할 것이다.

05 제시외 건물

경매사건의 입찰을 위해 경보정보지나 법원사건기록서류 등을 검토하다 보면 '제시외 건물' 또는 '제시외 물건'이란 용어가 기재되어 있는 경매물건을 간혹 보게 된다.

제시외 건물의 의의

제시외 건물이란 경매목적물의 토지상에 건물이 있으나 경매목적물이 아닌 건물로서 경매신청채권자가 신청하지 않은 건물이거나, 제3자 소유로 등기된 건물이기 때문에 매각에서 제외된 건물이거나, 현재 소유자인 채무자 소유의 물건이나 미등기상태인 건물이어서 매각에는 포함된 제시외 건물인 것이거나 한 건물이다.

제시외 건물의 종류

입찰예정자는 권리분석 시 제시외 건물에 대해서는 그 제시외 건물이 어떤 종류에 해당하고 있는지 한 번 더 주의 깊게 살펴봐야 한다.

① 제시외 건물이 토지소유자의 건물로서 주물의 처분에 따르게 되는 종물 또는 부합물에 해당하는 건물인지의 여부
② 제시외 건물이 감정평가가 되지 않은 이유가 토지소유자의 독립한

건물(* 등기되거나 미등기이거나 불문) 때문에 매각에는 제외된 건물인지의 여부
③ 제시외 건물이 제3자 소유명의로 등기된 건물이라 매각에서 제외된 건물인지의 여부
④ 제시외 건물이 제3자 소유의 미등기 건물인지의 여부

이상과 같이 제시외 건물이라도 매각에 포함되어 매수에 아무 문제가 없는 것인지, 아니면 제시외 건물로 인하여 매수인에게 향후 어떤 소유 분쟁 등의 문제가 발생하게 될 것인지의 여부를 잘 분석해봐야 한다.

제시외 건물의 법정지상권 성립 구분

- 앞서 ①의 경우

  제시외 건물이 감정평가가 이루어져 매각에 포함하여 경매절차를 진행하거나 매각에 포함하지 않고 경매절차를 진행하더라도 매수 후 법정지상권 성립과는 아무 관계가 없으므로 취득에 문제될 것은 전혀 없다.

- 앞서 ②의 경우

  제시외 건물이 종물이나 부합물로 볼 수가 없는 토지소유주의 독립한 건물이 있기 때문에 감정평가도 하지 않고 매각에서 제외하여 경매절차를 진행하는 것이므로, 이런 경우는 그 건물이 등기된 건물이거나 미등기된 건물이거나 불문하고 매수 후 법정지상권이 성립한다. 단, 토지에 저당설정 당시에 존재하고 있었던 건물에 한한다.

- 앞서 ③의 경우

  제시외 건물이 토지소유자와 다른 제3자 소유의 등기된 건물이기 때문에 감정평가도 하지 않고 매각에서 제외하여 경매절차를 진행하는 것이다. 이런 경우는 그 건물이 법정지상권 성립요건에 맞지 않는 경우에 해당하면 법정지상권 성립의 문제는 없으므로 매수 후 건물철거소송을 통하여 철거를 할 수 있는 것이다. 그러나 제3자가 이미 법정지상권을 취득하고 있는 경우가 있을 수 있으므로 이런 경우는 매수 후 제3자에 대하여 법정지상권을 인정해야 한다.

- 앞서 ④의 경우
  - 제시외 건물이 제3자 소유의 미등기 건물이기 때문에 감정평가도 하지 않고 매각에서 제외하여 경매절차를 진행하는 것이고, 지상권을 설정하지 않고 축조한 미등기 건물인 제시외 건물은 토지취득 후 건물철거소송 및 대지인도청구소송을하면 된다.
  - 만약 처음에는 제3자가 그 미등기 건물에 대하여 법정지상권을 갖고 있었다 하더라도 법정지상권 취득 후 지상권설정등기(* 공시)되지 않은 상태에서 매매 기타 원인으로 토지나 건물이 매각되어 소유자가 각기 달라지면 관습상의 법정지상권은 성립하지 않으므로 건물철거소송 및 대지인도청구소송을 하면 된다.

제시외 건물 분석 시 유의사항

따라서 제시외 건물이 있는 경매물건을 입찰하려 할 때에는 법원에서 감정평가서 등의 법원기록을 잘 열람하여 제시외 건물이 매각에 포함되었는지의 여부와 포함되지 않았다면 토지상의 건축물관리대장과 건물등기부(* 미등기건물에 대하여는 등기부상으로 확인이 되지 않음)를 발급받아 제시외 건물의 소유자가 누구인지의 여부를 현장실사를 통하여 점검해봐야 한다.

이때 제시외 건물이 매각에서 제외된 채 경매로 나온 물건으로서 법정지상권의 성립이 안 되는 물건이라고 판단되면 취득 후 대지인도청구소송이나 건물철거소송을 통하여 정리할 수 있는 건물이고, 경매취득 후 건물소유자와 합의가 도출이 될 정도의 건물이라고 권리분석이 된다면 입찰을 굳이 피할 이유는 없다.

그러나 부합물이나 종물이 아닌 제시외 건물에 대해서는 저당권의 효력이 미치지 않아 그 취득이 불가능하게 되므로 취득 후 법정지상권의 성립이 될 수 있는 제시외 건물이라고 판단된다면 일단은 입찰을 피해야 하는 것이 좋다.

매각부동산에 속하는 종물

우리 민법 제100조(주물, 종물)에 의하면 물건의 소유자가 그 물건의 상용에 공하기 위하여 자기 소유인 다른 물건을 이에 부속하게 한 때에는 그 부속물은 종물이며, 종물은 주물의 처분에 따른다고 정하고 있다.

그러므로 저당권은 그 목적부동산의 종물에 대하여도 그 효력이 미치므로 저당권실행으로 인하여 개시된 경매절차에서 부동산을 매수한 자는 종물의 소유권도 함께 취득하는 것이다.

종물의 요건
- 주물의 상용에 이바지할 것
- 주물에 부속된 것일 것
- 주물로부터 독립된 물건일 것
- 주물, 종물 모두 동일한 소유자에게 속할 것

부동산의 정착물과 종물
토지의 정착물에는 토지와 별개의 부동산이 되는 것(* 건물, 입목)과 토지의 일부로 종물(* 교량, 돌담, 도로의 포장, 도랑 등)인 것으로 나눈다.

부동산의 정착물인 지하주차장, 지하저유시설, 정원석, 연못, 정원수 등과 토지의 구성부분인 암석, 토사 등은 토지의 매수인이 소유권을 취득한다.

그리고 횟집건물의 수족관, 주유소의 지하 유류저장탱크 및 지상의 주유기(대판 1995. 6. 29. 선고 94다6345), 건물의 기계실에 설치된 전화교환설비(대판 1993. 8. 13. 선고 92다43142), 창고와 공동화장실(대판 1991. 5. 14. 선고 91다2779) 등은 종물에 속한다.

* 기존 건물에의 부합 여부
기존 건물인 세멘부록조 세멘와즙 평가건 주택 1동 건평 21평 8합의 외

곽에 덧 붙여 세멘부록조 스레트즙 부엌 3개와 방 4개 합계 건평 18평 9합을 증축하였다면 그 증축된 건물은 기존 건물에 부합되어 전체가 1동의 주택을 이루고 있다고 할 것이다. (대판 1981. 7. 7. 선고 80다2643, 2644)

* 경매목적물로 평가되지 아니한 증축부분(부합물)의 소유권을 취득하는지 여부

건물이 증축된 경우에 증축부분이 본래의 건물에 부합되어 본래의 건물과 분리 하여서는 전혀 별개의 독립물로서의 효용을 갖지 않는다면, 위 증축부분에 관하여 별도로 보존등기가 경료되었고 본래의 건물에 대한 경매절차에서 경매목적물로 평가되지 아니하였다고 할지라도 경락인은 그 부합된 증축부분의 소유권을 취득한다. (대판 1981. 11. 10. 선고 80다2757, 2758)

* 저당부동산의 종물인지 여부의 판단기준

저당권의 효력이 미치는 저당부동산의 종물이라 함은 민법 제100조가 규정하는 종물과 같은 의미로서 종물이기 위하여는 주물의 상용에 이바지 되어야 하는 관계가 있어야 하는바 여기에서 주물의 상용에 이바지 한다 함은 주물 그 자체의 경제적 효용을 다하게 하는 작용을 하는 것을 말하는 것으로서 주물의 소유자나 이용자의 상용에 공여되고 있더라도 주물 그 자체의 효용과는 직접 관계없는 물건은 종물이 아니다. (대판 1985. 3. 26. 선고 84다카269)

06 토지별도등기

토지별도등기의 의의

토지별도등기란 집합건물의 대지권등기 전에 토지에 대하여 있던 권리가 말소되지 않고 아직 살아있음을 의미한다.

토지별도등기의 인수

토지(* 대지) 전부에 저당권이 설정되어 있는 상태에서 그 후 토지상에 아파트 등의 집합건물을 신축하고, 각 구분건물에 대하여 대지권등기를 필하였을 경우 경매와 관련하여 복잡하고 어려운 문제가 발생하게 된다.

이러한 경우 건물의 대지권등기를 원천적으로 불허하든지 아니면 대지권등기를 하면서 토지저당권을 각 구분건물별로 분할등기를 해야 하는데, 그렇게 하지 않고 대지권등기를 하다 보니 법률관계가 복잡해지게 된 결과를 낳은 것이다.

결과적으로 토지별도등기의 물건을 매수하게 되면 토지상 저당권 등의 별도등기는 그대로 인수하게 된다. 이때 대지권등기가 경료된 물건을 매수하면 별 문제가 없으나 토지별도등기에 의하여 대지권을 확보하지 못한, 즉 대지권이 없는 물건을 매수하게 되면 추가로 대지권을 획득하는 데에 필요한 추가비용이 들게 된다.

만약 이때 법원에서 토지별도등기권자로 하여금 채권신고를 하게 하여 경매목적물의 구분건물에 대한 대지권비율만큼의 금액을 배당받아 가고 토지저당권의 일부를 말소시켜줌과 동시에 매수인이 대지권을 확보할 수 있도록 해주는 방법을 택하면 이 문제는 원만히 해결될 것이다.

* 토지별도등기에 대한 그 원인이 소멸되었음에도 불구하고 토지별도등기가 말소되지 않은 경우

간혹 토지별도등기에 대한 그 원인이 소멸되었음에도 불구하고 토지별도등기를 말소하지 않은 경우가 있다. 이런 경우는 등기소에 토지의 모든 권리가 소멸되었음을 고지하여 말소를 청구하면 등기관의 직권으로 말소시켜준다.

07 대지권 미등기

대지권의 의의

대지권이라 함은 구분소유자가 전유부분을 소유하기 위하여 건물의 대지에 대하여 가지는 권리를 말하고, 부동산등기법에서의 정의에 의하면 대지사용권으로서 전유부분(* 건물)과 분리하여 처분할 수 없으며, '집합건물의 소유 및 관리에 관한 법률'에서 규정한 대지사용권과 전유부분에 할당된 토지의 비율, 즉 전유부분에 속한 대지의 면적을 말하는 복합적인 의미를 가지기도 한다.

대지권 미등기의 의의

실제 대지권이 있으나 아파트와 같은 집합건물의 경우 대지의 분·합필 및 환지 절차의 지연, 각 세대당 지분비율 결정의 지연, 건설업체의 내부적인 사정, 타 전유부분 소유자의 분양대금 완납지연의 문제 등으로 인하여 전유부분에 대한 소유권이전등기만 분양받은 자에게 경료되어 머물거나 그 후 부동산이 양도될 경우에도 전유부분에 대한 소유권이전등기만 경료되고, 그 대지지분에 대한 소유권이전등기는 상당기간 지체되는 그러한 상태의 지속을 의미한다.

그러므로 분양받은 자가 전유부분과 대지지분을 함께 분양의 형식으로 그 대금을 모두 지급했음을 시행자로부터 확인할 수도 있으며, 대지지분에 관한 감정평가액을 반영하지 않은 상태에서 경매절차를 진행하였다고 하더라도 전유부분에 대한 대지사용권을 분리처분할 수 있도록 정한 규약이 존재한다는 등의 특별한 사정이 없는 한 낙찰인은 경매목적물인 전유부분을 낙찰받음에 따라 종물 내지 종된 권리인 대지지분도 함께 소유권을 취득하는 데에 특별한 문제가 없다.

또한 분양자와 중간소유자의 적극적인 협력이나 계속적인 행위가 없더라도 그 목적을 달성할 수 있으므로 수분양자가 분양자에게 그 분양대금을 완납한 경우는 물론 그 분양대금을 완납하지 못한 경우에도 전유부분의 소유권자는 분양자로부터 직접 대지권을 이전받기 위하여 분양자를 상대로 대지권변경등기절차의 이행을 소구할 수 있고, 분양자는 이에 대하여 수분양자의 분양대금 미지급을 이유로 한 동시이행항변을 할 수 있을 뿐이다.

만약 구분건물의 소유권이 대지권등기가 되지 않은 채 수분양자로부터 전전 양도되고 이후 분양자가 대지사용권을 취득한 경우 구분건물의 현소유자가 분양자를 상대로 대지권변경등기를 전유부분의 소유권자는 분양자로부터 직접 대지권을 이전받기 위하여 분양자를 상대로 대지권변경등기절차의 이행을 소구할 수 있다.

08 취득이 무효로 될 수 있는 재산

공익법인

공익법인이란 구성원 개인의 이익추구가 목적이 아니라 교육, 사회복지, 문화, 환경 등 공익사업수행을 목적으로 설립된 비영리법인을 말하는 것이며, 재단법인 또는 사단법인으로서 종교단체, 사립학교, 사회복지법인, 의료법인, 자선단체, 문화, 환경단체 등의 비영리법인을 말하고, 기본재산을 매도·증여·임대·교환 또는 용도변경하거나 담보로 제공하거나 대통령령으로 정하는 일정 금액 이상을 장기차입하려면 주무관청의 허가를 받아야 한다.

사립학교

학교법인이 그 기본재산을 매도·증여·교환 또는 용도변경하거나 담보에 제공하고자 할 때 또는 의무의 부담이나 권리의 포기를 하고자 할 때에는 관할청의 허가를 받아야 한다.

대부분의 사람들은 유치원이 학교에 해당하는지의 여부를 잘 모르고 있다. 그러나 유치원은 초·중등교육법에 규정된 교육기관이다.

유치원 등을 비롯한 학교법인은 그 기본재산을 매도, 증여, 교환 또는 용도변경하거나 담보제공하고자 할 때 또는 의무의 부담이나 권리를 포기하고자 할 때에는 관할교육청의 허가를 받아야 한다.

그러나 담보물권의 설정을 관할교육청으로부터 허가를 받은 경우와 무인가 유치원의 경우 담보권을 실행할 수 있다.

설립인가를 받지 않고 운영하는 무인가 유치원과 유치원이라는 이름으로 운영되는 어린이집의 경우는 대부분 교육청이 아닌 관할구청에서 운영에 관한 인허가를 받아서 운영되는 것이 많아 사립학교법에 저촉되지 않으므로 담보권실행을 위한 경매신청은 물론이고 경매취득에는 아무런 어려움이 없다.

전통사찰

전통사찰의 주지는 동산이나 부동산(* 해당 전통사찰의 경내지에 있는 그 사찰 소유 또는 사찰 소속 대표단체 소유의 부동산을 말한다. 이하 이 조에서 같다)을 양도하려면 소속 대표단체 대표자의 승인서를 첨부하여 문화체육관광부장관의 허가를 받아야 한다.

향교

향교재단은 대통령령으로 정하는 바에 따라 특별시장·광역시장·도지사 또는 특별자치도지사(이하 "시·도지사"라 한다)의 허가를 받아야 한다.

종중 재산

종중재산은 종중 소유의 재산은 종중원의 총유에 속하는 것이므로 그 관리 및 처분에 관하여 먼저 종중 규약에 정하는 바가 있으면 이에 따라야 하고, 그 점에 관한 종중규약이 없으면 종중 총회의 결의에 의하여야 하므로 비록 종중 대표자에 의한 종중 재산의 처분이라고 하더라도 그러한 절차를 거치지 아니한 채 한 행위는 무효이다. (대판 2000. 10. 27. 선고 2000다22881 [1])

09 가장임차인

가장임차인의 유형

경매개시결정등기일의 전후로 소액임차에 해당하는 임대차계약 여러 건이 같은 날에 전입신고나 확정일자를 받는 것이 집중적으로 이루어져 있거나, 임차보증금을 지급했다는 증거가 불충분하고 실제로 살고 있지도 않는 경우가 있다. 이는 집주인이 지인이나 친척 등을 전입시켜 최우선변제금을 배당받으려고 하는 경우일 수 있으므로 직접 확인해보는 것이 좋다.

해당 물건을 입찰 보기 전에 위장임차인에 대한 내용을 정확히 파악해 둠으로써 불측의 피해를 막을 수 있고, 또한 매수물건을 명도받는 데에 걸리는 시간을 고려할 수도 있다.

가장임차인에 대한 배당

위장전입시켜 배당을 요구하면 채권자의 배당액이 적어질 수 있으므로 법원은 이런 가장임차인을 배당에서 제외시켜 배당금지급을 거부할 수가 있는데, 만약 이런 가장임차인이 배당이의를 제기하면 배당금을 공탁해놓고 임차인이 배당이의의 소를 제기하는 경우 소송을 통하여 배당금지급 여부를 결정한다.

* 경매개시결정등기 후 임차한 임차인에 대한 실무 처리

경매개시결정등기 후에 임차한 임차인은 악의의 가장임차인이 대부분이므로 이런 임차인이 권리신고 및 배당요구신청을 하면 실무에서는 가장임차인에 대한 배당 방법으로 처리하고 있다. 단, 매각에 의한 매득금이 모든 채권을 변제하고 남음이 있는 경우 경매개시결정등기 후의 임차인은 배당이의 등의 소명절차를 거치지 아니하고 배당해준다.

특수한 경우의 임대차

- 경매목적부동산의 소유자와 법적인 혼인관계에 있는 배우자 사이에는 임대차가 인정되지 않는다.
- 소유자가 아닌 채무자가 임차인일 경우 임대차가 그 진정성이 있는 한 부정할 수 없다.
- 임차인이 소유자 및 채무자와 특수한 관계자일 경우 임대차가 그 진정성이 있는 한 부정할 수 없다.

임차인이 소유자 및 채무자와 특수한 관계자일 경우

소유자의 전처, 부모(* 장인, 장모), 자식, 형제나 친인척 등이 임대차관계를 주장하며 법원에 배당요구를 하였고, 이에 대하여 경매법원에서 그 특수관계를 알게 된 경우에는 가장임차인으로 추정하여 일단은 배당에서 제외한다. 이렇게 배당제외가 된 특수관계의 임차인은 배당지급일에 배당이의를 한 후 배당이의 소 등을 제기하여 진정한 임차인으로서의 소명을 하게하여 이의 결과에 따라 배당 여부를 확정한다.

가장임차인은 인도명령대상자

가장임차인은 경매목적물을 점유할 수 있는 어떠한 법적 권원이 없다. 그러므로 매수인이 부담해야 할 것이 전혀 없으며, 또한 점유자(* 임차인)가 매수인에게 대항할 수 있는 권원이 없다면 명도소송 대상자가 아닌 인도명령 대상자이다.

가장임차인의 대항력 주장에 대한 대처요령

선순위 임차인이 허위의 거짓 임차인일 경우, 즉 소유자와 친인척관계 등에 있는 자가 대항요건일이 빠른 사유로 인하여 소유자와 담합하여 대항력자로 가장하고 매수인에게 보증금반환을 주장할 때 이에 대처하기 위해서는 매수인은 대금납부 후 그 임차인을 상대로 명도소송 제기시 임차보증금의 진정성 여부를 가리기 위하여 법원에 임대인에게 보증금을 지급하였다는 증거자료 제출을 요구하는 석명(* 사실을 설명하여 내용을 밝힘)을 구해야 한다.

또한 임의조작으로 가장임차인으로 밝혀지면 채무자나 가장임차인은 사해행위나 입찰방해 등에 해당하는 형벌을 받게 될 것이다.

* 가장임대차의 주택임대차보호법상의 대항력 유무

임대차는 임차인으로 하여금 목적물을 사용·수익하게 하는 것이 계약의 기본 내용이므로 채권자가 주택임대차보호법상의 대항력을 취득하는 방법으로 기존 채권을 우선변제 받을 목적으로 주택임대차계약의 형식을 빌려 기존 채권을 임대차보증금으로 하기로 하고 주택의 인도와 주민등록을 마침으로써 주택임대차로서의 대항력을 취득한 것처럼 외관을 만들었을 뿐 실제 주택을 주거용으로 사용·수익할 목적을 갖지 아니 한 계약은 주택임대차계약으로서는 통정허위표시에 해당되어 무효라고 할 것이다. (대판 2002. 3. 12. 선고 2000다24184, 24191 [1])

10 체납관리비

아파트나 집합건물인 상가를 입찰보기 전에 관리사무소에서 채무자나 임차인의 체납관리비를 확인해보는 경우가 있다. 이때 채무자(* 소유자)나 임차인의 체납관리비가 너무 많아 입찰을 기피하는 사례가 있으나 인수해야 하는 공용부분에 대한 금원을 확인하고 감안한 후 입찰을 보면 될 것이다.

관리비 관련 대판 2006.6.29. 선고 2004다3598,3604 판결

* 집합건물의 소유 및 관리에 관한 법률 제18조의 입법 취지 및 전 구분소유자의 특별승계인에게 전 구분소유자의 체납관리비를 승계하도록 한 관리규약의 효력(=공용부분 관리비에 한하여 유효)

* 집합건물의 전 구분소유자의 특정승계인에게 승계되는 공용부분 관리비의 범위 및 공용부분 관리비에 대한 연체료가 특별승계인에게 승계되는 공용부분 관리비에 는 포함되지 않는다.

* 상가건물의 관리규약상 관리비 중 일반관리비, 장부기장료, 위탁수수료, 화재보험료, 청소비, 수선유지비 등이 전 구분소유자의 특별승계인에게 승계되는 공용부분 관리비에 포함된다.

* 집합건물의 관리단이 전 구분소유자의 특별승계인에게 특별승계인이 승계한 공용부분 관리비 등 전 구분소유자가 체납한 관리비의 징수를 위해 단전·단수 등의 조치를 취한 사안에서, 관리단의 위 사용방해행위가 불법행위를 구성한다고 한 사례

* 집합건물의 관리단 등 관리주체의 불법적인 사용방해행위로 인하여 건물의 구분소유자가 그 건물을 사용·수익하지 못한 경우, 구분소유자가 그 기간 동안 발생한 관리비채무를 부담하지 않는다.

* 입주자대표회의나 위탁관리업체에서 집합건물의 소유자 등이 체납한 관리비에 대하여 채권을 회수하기 위하여 가압류등기를 한 경우는 체납관리비 채권을 회수를 위한 조치로써 그 체납관리비는 채권소멸시효가 중단되어 비록 3년이 지난 체납관리비라 하더라도 효력이 유지된다.

11 공사중단된 토지, 맹지, 사도의 취득

공사중단된 토지의 취득

경매목적물인 토지가 농지전용허가 또는 형질변경허가 등을 득한 후 사업을 시행하다가 공사가 중단된 상태에서 경매가 진행된 경우 허가권의 승계문제에 관하여 허가관청에 자문을 구함과 동시에 확인을 해야 하는 절차가 반드시 필요하다.

따라서 건축허가 및 토지형질변경허가권 등이 매수인이 승계받을 수 있는지의 여부를 허가관청에서 확인을 해봐야 하고, 만약 승계되지 않는다면 시공자와 그 승계에 관하여 별도의 협의매수를 해야 하는 문제가 발생할 수 있다.

맹지인 토지의 취득

경매목적물인 토지가 지적도상 맹지(* 주위의 토지에 둘러 싸여 출입에 필요한 도로가 없는 토지)인 경우 사도의 유무와 인접 토지를 이용한 통행로의 확보가능성 및 관습법상의 지역권에 의한 통행로의 유무에 대하여 현장을 조사하여 확인하고, 이에 대하여 이웃 주민들의 탐문 등을 거친 후에 응찰해야 한다.

만일 이러한 통행로가 없는 토지를 매수하게 되면 차후에 맹지의 이용 개발 시 도로개설을 하해야만 건축법상 건축허가를 받을 수 있으므로 부득이 도로로 필요한 만큼의 인접 토지를 매입해야 한다.

사도의 취득

사도란 공로에 연결시켜 일반 교통에 제공된 사설도로를 말하는 것으로서 고속도로·일반국도·특별시도·지방도·시도·군도 등 도로법상의 도로나 도로법을 준용하는 도로가 아닌 도로이며, 이에는 사도법이 적용되는데, 사도의 소유자는 건축물·공작물의 설치 등 사권을 행사할 수는 없으나, 반면에 소유권 이전과 저당권의 설정은 허용된다.

개인의 토지로서 자신과 이웃들이 사용하는 통행로의 목적으로 쓰이는 사도는 공법상의 제한이 뒤 따른다.

참고로 사도를 설치한 자는 그 사도에 일반이 통행함을 제한하거나 금지하지 못하며, 사도의 통행을 제한 또는 금지하거나 사용료를 징수하고자 하는 때에는 관할시장·군수의 허가를 받아야 하므로 사도 소유자의 일방적인 사용료 징수는 어렵다.

12 공장 또는 공장부지 경매 시 유의사항

공장의 건물면적과 높이

공장건물 면적확인 시 주차장의 면적을 확인하여 주차대수를 계산해보고, 기계·장비설비를 위해 공장건물의 높이도 확인해야 한다. 왜냐하면 설치할 기계·장비설비의 높이를 감안해야 하기 때문이다.

공장운영에 필요한 토지면적 확인

공장의 토지인 공장부지란 제조시설(* 물품의 가공·조립·수리시설을 포함) 및 시험생산시설, 제조시설의 관리·지원, 종업원의 복지후생을 위하여 해당 공장부지 안에 설치하는 부대시설, 관계 법령에 따라 설치가 의무화된 시설과 그 시설이 설치될 토지를 말하는 것으로서 면적이 공장운영에 필요한 면적보다 클 때에는 나머지 면적에 대하여는 임대가능성도 고려해봐야 할 것이다.

기계·장비설비 확인

- 공장만이 아닌 기계·장비류도 함께 공장재단목록과 일괄하여 경매가 진행되는 경우 공장재단목록상의 기계·장비와 감정서상의 목록과 그 일치를 확인해야 한다.
- 기계·장비설비 등의 노후화, 파손·망실·도난 여부를 확인해야

한다.
- 수변전설비, 보일러나 가스탱크 등의 용량과 오수처리장 등의 유무 및 관리형태를 확인해야 한다.

진입도로 및 민원발생 여부 확인
- 진입도로의 노폭은 주 출입차량 종류에 따라 확보되어야 한다.
- 공장취득 시 공장의 주변사정을 제대로 알지 못한 탓에 인접 주변인들과의 환경문제(* 대기, 수질, 소음 등)의 이유 등의 민원이 발생될 문제점들도 사전에 파악해야 한다. 왜냐하면 민원발생으로 공장운영에 큰 낭패를 볼 수도 있기 때문이다.

폐기물처리 비용과 체납된 사용료 등 확인
- 방치한 산업폐기물이 방치되어있는 경우 폐기물처리비용 증가에 낭패를 볼 수 있으므로 그 처리방법과 가능성에 대해서도 사전에 잘 점검해야 한다.
- 체납된 상하수도·전기·가스요금은 전 소유자의 책임이나 사설공급소의 시설이나 장치를 사용한 경우에는 사용료를 낙찰자가 인수하지 않으면 그 시설의 사용에 제한이 따를 수 있으므로 확인해야 한다.
- 체불임금은 낙찰자가 인수하여야 하는 것은 아니지만 체불임금으로 인하여 기계·장비류 등의 파손·망실·도난이 따를 수 있으므로 체불임금 여부도 확인해야 한다.

공장부지 경매 시 유의사항

과거에는 공장신설 허가·승인이 되었으나 법률 변경 등으로 인하여 용도지역의 변경 또는 행위제한의 강화 등으로 현재에는 신설공장의 허가가 나지 않은 경우에는 기존의 공장용도로 사용은 가능하지만 낙찰 후 공장의 업종변경 등과 그 활용에 제한이 따를 수 있다.

- 승인권의 승계

  산업집적활성화 및 공장설립에 관한 법률에 의거 공장설립 승인(* 시장·군수 또는 구청장의 승인)을 받은 부지에 500㎡ 이상인 건축 중인 공장을 낙찰받는 경우 공장설립승인권은 승계가 가능하다.

- 승인권의 취소

  공장설립 승인받은 날로부터 3년 내까지 미착공한 부지는 공장설립 승인이 취소될 수 있고, 승인 후 4년 이내에 완공신고가 안 되는 경우에도 승인이 취소될 수 있으므로 공장부지는 공장설립승인의 취소 가능성 여부를 확인해야 한다.

- 인·허가의 연동성 확인

  · 공장부지 낙찰 시 공장설립승인은 승계되나 건축허가권 사항은 승계되지 않으므로 건축허가 취소 시 신규허가 가능 여부를 확인해야 한다.

  · 개발행위 허가권은 승계되나 차폐림(* 바람을 막고 소음을 차단하기 위하여 조성한 숲), 기반시설 확충조건 등을 조건으로 하는 조건

부 허가가 날 수도 있다.
- 산지전용의 허가권은 종기점(* 언제부터 언제까지)이 있으므로 그 기간이 도과하면 산지전용의 허가권이 상실되어 공장건축허가가 승계되지 않을 수 있다.
- 개발부담금의 부담액을 알아두어 입찰 전에 비용으로 계산에 넣어야 한다.
- 농지를 전용한 공장개발부지는 5년 동안은 폐수배출시설 설치를 할 수 없으므로 공장으로서의 제 기능을 할 수 없음을 유의해야 한다.

참고로 산업집적활성화 및 공장설립에 관한 법률(* 지식산업센터, 아파트형 공장)에 따라 설치된 공장은 입주가 가능하거나 불가능한 업종이 있으므로 입주업종을 확인하고, 입주계약 조건들도 확인해야 한다.

13 농지 경매 시 유의사항

일반 토지의 임대차는 민법의 적용을 받지만, 농지의 임대차는 농지법의 적용을 받는다. 즉 농지법은 특별법이고, 농지는 지목이 아닌 현황상으로 전·답·과수원이다.

그런데 토지경매에서 문제가 되는 임차권은 오직 '등기된 임차권'에 한하는 것이며, 설령 해당 농지에 임대차계약을 체결하고 농지를 사용하는 임차인이라 하더라도 그 임차권이 등기된 것이 아니라면 매수인이 인수하게 되는 것은 없다.

그러나 말소기준권리보다 선순위로 등기된 토지임차권이 있는 농지를 취득하는 경우 해당 농지를 매수하여도 매수인은 그 임차권을 인수해야 하므로 조심해야 한다. 왜냐하면 농지법 제26조(임대인의 지위 승계)에서 임대농지의 양수인은 이 법에 따른 임대인의 지위를 승계한 것으로 본다고 하고 있기 때문이다.

농지취득자격증명서가 요구되는 농지

현행 법에서는 통작거리의 제한이 없으므로 거주지역에 관계없이 농지취득이 가능하다. 다만 통작거리가 30km를 벗어난 농지취득은 양도

소득세 감면 혜택이 없고 양도소득세 중과와 관련이 있다. 농업인이 아닌 자가 처음으로 농지를 취득하려면 고정식온실, 버섯재배사, 비닐하우스, 기타농업생산에 필요한 시설로서 농림부령이 정하는 시설이 설치되어 있거나 설치하고자 하는 농지는 그 최소면적이 330㎡ 이상이어야 하며, 그 외의 농지는 1,000㎡ 이상이어야 농지취득자격증명을 받을 수 있다.

농지취득자격증명서가 요구되는 농지는 지목이 전, 답 또는 과수원인 것과 기타 법적 지목에 의하지 않고 실제의 토지현황이 농작물의 경작 또는 다년생 식물 재배지로 이용되는 토지로서 사회적·경제적·행정적으로 보아 경작용으로 쓰이는 것이 합리적이라고 판단되는 것을 말하며, 그 개량시설의 부지와 고정식온실, 버섯재배사, 비닐하우스 및 그 부속시설의 부지, 농지에 부속한 농막 또는 간이퇴비장 등의 부지도 농지에 해당한다.

농지취득자격증명서가 필요 없는 농지

농지라 하더라도 도시계획구역 내의 주거·상업·공업지역으로 지정된 농지와 녹지지역 중 도시계획시설 예정지로 결정된 농지는 이미 농업 이외의 목적으로 사용결정이 되었으므로 농지취득자격증명이 필요하지 않다.

단, 도시계획구역 중 녹지지역 내의 농지에 대해서는 도시계획사업에 필요한 농지 또는 전용허가가 이루어진 농지에 한하며 그렇지 않은 경우에는 농지취득자격증명원을 제출해야 한다.

지목이 농지이지만 실제현황이 농지가 아닌 경우

지목이 농지이지만 실제현황이 농지가 아닌 다른 용도로 이용되고 있다면 관할관청이 발급하는 서면에 의하여 그 사실이 증명되는 경우에는 농지취득자격증명원 대신 그 사실증명 서류를 제출하면 된다.

최초 취득의 농지가 1,000㎡ 미만일 때 대처요령

최초로 매수하는 농지가 1,000㎡ 미만이더라도 주말영농체험 목적으로 농지를 취득하고자 하는 경우라면 매수가 가능(* 과거에는 농지취득자격증명원이 발급되지 않아 취득이 불가하였음)하므로 농지를 매수하기 전에 주말영농체험 농지로의 취득 가능 여부를 관할 시·구·읍·면사무소에 문의하여 확인하는 것이 좋다.

농지 매수 시 매각기일에 '농지 최고가매수인 증명원' 발급

경매에서 농지의 최고가매수신고인이 되면 집행관실에서 '농지 최고가매수인 증명원'을 발급받아 농지취득자격증명원발급신청서에 첨부하여 시·구·읍·면사무소에 제출하고, 이들 관청은 취득자가 농지취득에 적합한 요건을 갖추었는지를 확인한 후 농지취득자격증명원을 발급해준다. 이때 매수인은 발급받은 농지취득자격증명원을 법원의 매각결정기일(* 매각기일로부터 1주일 이내)까지 관할법원에 제출하면 된다.

그리고 대부분의 법원에서는 농지취득자격증명원의 미제출 시 매각불허가결정을 하며, 입찰보증금을 몰수한다는 특별매각조건으로 경매를 진행하고 있다.

참고로 경매나 공매로 토지거래허가구역 내의 토지 취득 시는 토지거래허가가 면제된다.

14 위반건축물 등의 건축물

위반건축물

위반건축물은 건축허가사항에 위반되어 이의 시정명령을 허가관청으로부터 받은 건물을 말하는 것인데, 건축주 등이 이미 허가관청으로부터 이의 시정명령을 받고도 이행하지 않은 경우에는 이행강제금이 건축주 등에게 부과가 되어 있을 것이다.

그러므로 이런 경우의 위반건축물을 경매로 취득하게 되면 이의 위반건축물에 대하여 내려진 시정명령을 이행해야 한다. 따라서 시정명령대로 매수인이 원상회복을 해야 하므로 원상회복에 따른 시간과 비용이 추가로 들게 됨을 잘 유념해야 한다.

그리고 이런 물건에 입찰하려는 입찰예정자는 관할관청의 건축과에 무엇을 위반한 건축물인지의 여부와 시정명령의 내용을 잘 확인해야 하고, 건축사 등의 상담을 통하여 매수 후 시정명령 이행 또는 원상복구 등에 관한 비용을 산출하는 등 어느 정도의 대책을 세워 놓고 입찰에 응해야 할 것이다.

건축물이 다른 토지에 걸쳐 있는 경우

건축물이 남의 토지를 침범하여 다른 토지에 걸쳐 있는 물건을 매수하게 되면 향후 타 토지소유자의 건물철거소송으로 인하여 멀쩡한 건물을 철거하거나 건물이 있는 타인 소유의 토지를 추가로 매입해야 하는 문제가 발생할 수가 있다.

이런 경우의 물건에 입찰하려는 입찰예정자는 현장 확인 시 건축물이 타인 소유의 토지에 침범하고 있는 면적, 위치 등을 점검해야 하고, 침범한 건축물 부분을 건축법에 맞게 헐더라도 큰 상관이 없거나 개축이나 신축을 생각하는 것이라면 이 역시 건축사 등의 전문가와 입찰 전에 반드시 상담을 한 후 입찰에 응해야 할 것이다.

15 지목, 용도변경, 건폐율 및 용적률

지목

지목이란 토지의 주된 사용목적에 따라 토지의 종류를 구분, 표시하는 명칭을 말한다. 지목은 토지대장 및 토지등기부에 기재할 사항의 하나로 다음과 같다.

전	답	과수원	목장용지
임야	광천지	염전	대
공장용지	학교용지	도로	철도용지
하천	제방	구거	유지
수도용지	공원	체육용지	유원지
종교용지	사적지	묘지	잡종지
주차장	주유소용지	양어장	창고용지

용도변경

토지나 건축물 모두 허가된 용도 이외의 타 용도로 사용하기 위해서는 사전에 용도변경허가를 받아야 한다.

다만 동일시설군에 해당하는 건축물의 용도변경의 경우, 당해 용도로 변경하기 전의 용도로 다시 변경하는 경우(* 증축·개축 또는 대수선을 수반하는 경우는 제외), 용도변경을 하고자 하는 부분의 바닥면적의 합계가 100㎡ 미만인 경우와 동일한 건축물 안에서 면적의 증가 없이 위치를 변경하는 용도변경인 경우에는 신고하지 아니하고 용도변경을 할 수 있다.

건폐율

건폐율이란 대지면적에 대한 건축면적의 비율로서 대지 안의 공지를 확보하기 위하여 건축물에 대하여 평면적으로 면적의 규제를 하기 위한 제도이다.

용적률

용적률이란 대지면적에 대한 건축연면적(* 지하층의 면적 제외)의 비율로서 건축과밀화의 방지를 위하여 입체적이면서 공간적으로 건축물에 대하여 면적의 규제를 하기 위한 제도이다.

용도지역별 건폐율과 용적률

구분				건폐율		용적률	
				법률	시행령	법률	시행령
도시 지역	주거 지역	전용	제1종	70	50	500	50~100
			제2종		50		50~150
		일반	제1종		60		100~200
			제2종		60		100~250
			제3종		50		100~300
		준주거			70		200~500

구분			건폐율		용적률	
			법률	시행령	법률	시행령
도시 지역	상업 지역	중심	90	90	1,500	200~1,500
		일반	90	80	1,500	200~1,300
		근린		70		200~900
		유통		80		200~1,100
	공업 지역	전용	70	70	400	150~300
		일반		70		150~350
		준공업		70		150~400
	녹지 지역	보전	20	20	100	50~80
		생산		20		50~100
		자연		20		50~100
관리지역		보전	20	20	80	50~80
		생산	20	20	80	50~80
		계획	40	40	100	50~100
농림지역			20	20	80	50~80
자연환경보전지역			20	20	80	50~80

참고로 상기의 건폐율 및 용적률은 지방자치단체 조례에 의하여 다를 수 있다.

제6장

권리분석 공식 이해하기

01 권리의 순위정리 및 소액임차인 구분

등기부상의 권리와 임차인의 순위정리

임차인의 대항력 유무나 인수권리 유무를 확인하기 위하여 등기부상의 각 권리일과 임차인의 대항요건일을 일자 순으로 정리를 해봐야 한다.

예 서울의 다가구주택이며, 토지와 건물 등기부상의 권리와 임차인에 관한 내용이 다음과 같다고 가정해보자.

번호	구분	대항·접수일	내용	금액(만 원)
1	등기부 갑구	2015. 6. 1.	가압류	
2	등기부 갑구	2021. 6. 1.	강제경매개시결정	
3	등기부 을구	2016. 6. 1.	A은행 근저당	20,000
4	등기부 을구	2018. 6. 1.	홍길동 저당	10,000
5	임차인 김경매	2017. 6. 1.	확정일자 2017.6.1	12,000
6	임차인 이경매	2019. 6. 1.	확정일자 없음	11,000
7	임차인 박경매	2020. 6. 1.	확정일자 2020.6.1	10,000

앞서의 각 권리의 일자를 대항요건일 또는 접수일(* 접수일자 동일 시는 접수번호 순)으로 정리해보면 다음과 같다.

번호	구분	대항·접수일	내용	금액(만 원)
1	등기부 갑구	2015. 6. 1.	가압류	
2	등기부 을구	2016. 6. 1.	A은행 근저당	20,000
3	임차인 김경매	2017. 6. 1.	확정일자 2017.6.1	12,000
4	등기부 을구	2018. 6. 1.	홍길동 저당	10,000
5	임차인 이경매	2019. 6. 1.	확정일자 없음	11,000
6	임차인 박경매	2020. 6. 1.	확정일자 2020.6.1	10,000
7	등기부 갑구	2021. 6. 1.	강제경매개시결정	

권리분석에 용이하도록 이상과 같이 등기부상 권리와 등기부상 확인되지 않는 권리를 반드시 대항요건일 또는 접수일자 및 접수번호 순으로 정리해봐야 한다.

소액임차인 구분

위의 정리에서 보았듯이 2015. 6. 1. 가압류가 말소기준권리이지만, 임차인의 보증금이 소액보증금에 해당하는지의 여부는 건물등기부에서 나타나는 최초 담보물권설정일을 기준으로 판단한다. 따라서 임차인의 보증금이 소액보증금에 해당하는지의 여부는 최초로 설정된 2016. 6. 1. A은행 근저당권설정일을 기준으로 판단한다.

따라서 소액임차인에 해당되는 임차인은 누구일까? 2016. 6. 1.에 설정된 A은행 근저당 설정일이 소액보증금 판단 기준일이 되고, 이 기준일은 2016. 3. 31.~2018. 9. 17. 기간 동안에 적용된 범위에 해당되고, 이 기간의 서울특별시 소액보증금은 1억 원 이하까지이다.

그러므로 소액보증금에 해당하는 임차인은 보증금이 1억 원 이하에 해당하는 박경매뿐이고, 박경매는 주택가액의 1/2 범위 내에서 우선변제금 3,400만 원을 최우선적으로 배당받을 수 있다.

그러나 임차인 김경매와 이경매의 보증금은 최초 담보물권설정 당시에 적용된 주택임대차호법상으로는 소액보증금에 해당되지 않기 때문에 소액임차인이 아니다. 따라서 이들은 최우선변제권이 없다.

이 정도 파악이 되고나면 매수인이 인수하게 되는 권리가 있는지의 여부를 확인해야 하는데, 이런 식으로 분석해보는 것이 권리분석이다.

02 소멸권리 및 인수권리와 말소기준권리

소멸(말소)권리

소멸주의에 해당되는 권리는 매각으로 인하여 모두 소멸되므로 말소촉탁의 대상이 되며, 이러한 권리들은 경매목적부동산의 매각대금에서 민법 및 상법 등이 정하는 우선순위에 따라 배당이 이루어진다.

인수권리

인수주의에 해당하는 권리(* 선순위의 담보물권, 압류·가압류, 담보가등기 등보다 빠른 권리)들은 시간적 순위에 있어 그 권리가 절대적이므로 매각되더라도 매수인이 그대로 인수해야 하며, 매우 조심해야 할 권리들이다.

또한 인수권리들은 경매목적부동산의 매각대금에서가 아닌 법원의 배당 외에서 해결하게 된다.

말소기준권리

말소기준권리란 그 권리를 포함해서 그 이후의 모든 권리가 말소되게 하는 기준이 되는 권리를 말한다.

말소기준권리가 되는 등기는 (가)압류, (근)저당권, 소유권이전담보가 등기(* 소유권이전청구권가등기가 배당요구를 했거나 경매신청을 하여 소유권이전담보가등기로 보는 경우 포함), 경매개시결정등기 중 등기부의 갑구 및 을구 전체 중 시간 순위가 가장 앞선 등기이다. 그리고 용익물권인 전세권의 경우 그 전세권이 부동산목적물의 전부에 대하여 설정되고(* 목적물 일부에 설정한 일부전세권은 안 됨) 담보형 용익물권일 때에도 말소기준등기가 된다.

그러나 지상권, 지역권, 등기된 임차권은 선순위일지라도 말소기준등기가 될 수 없다.

권리의 종류별 소멸(말소)권리 및 인수권리 정리표

권리		말소기준권리(저당권 등)		비고
		전	후	
지상권		인수	소멸	선순위 권리이면 인수
법정지상권	건물	인수	인수	입찰대상으로 위험
	분묘	인수	인수	입찰대상으로 위험
	수목	인수	인수	입찰대상으로 위험
지역권		인수	소멸	선순위 권리이면 인수
전세권		인수/소멸	소멸	선순위 권리이면 인수, 경매신청자이거나 배당요구 종기일까지 배당요구 있으면 소멸
(근)저당권		소멸	소멸	무조건 소멸
유치권		인수	인수	입찰대상으로 위험. 유치권은 등기부상에 공시되는 권리가 아니며, 담보물권이면서도 매각으로 인하여 그 효력은 소멸되지 않고 인수
압류		소멸	소멸	무조건 소멸
가압류		소멸/인수	소멸	소멸. 단, 가압류가 전소유자에 대한 것일 경우에는 소멸 또는 인수

권리	말소기준권리(저당권 등)		비고
	전	후	
가처분	인수/소멸	소멸/인수	• 선순위 권리이면 인수. 단, 선순위이더라도 경매 신청채권자이거나 배당요구를 하면 소멸. • 후순위라도 토지와 건물의 소유자가 다른 상황에서 건물만이 경매로 나온 경우 토지소유자가 건물소유자를 상대로 건물철거 및 토지인도청구권 보전을 위하여 건물에 경료한 가처분등기는 순위에 관계없이 인수. • 선순위 근저당권이 피담보채권이 없는 경우의 그 후순위 가처분등기는 인수
가등기	인수/소멸	소멸	• 선순위가 가등기 소유권이전청구권가등기이면 인수. 단, 경매신청채권자이거나 배당요구를 한 경우는 소유권이전담보가등기로 보아 소멸 • 소유권이전담보가등기일 경우 선순위라도 말소기준권리가 되어 소멸. 단, 선순위 담보가등기가 경매개시결정등기 전에 청산절차를 완료한 경우는 인수
환매등기	인수/소멸	소멸	선순위 권리이면 인수. 환매기간이 만료되었거나 환매기간이 없는 경우 5년이 지났으면 소멸
등기임차권	인수/소멸	소멸	선순위 권리이면 인수. 경매신청자이거나 배당요구로 보증금 전액을 받으면 소멸.

03 권리분석 공식

권식분석 공식표

인수	점유권원이 있으며, 대항력 등이 있음	올마이티(인수)
말소기준권리 (* 자신이 소멸되면서 자신 이후의 권리도 함께 소멸시키는 권리)	1. 가압류 2. 압류 3. 근저당 4. 저당 5. 소유권이전담보가등기 6. 경매개시결정등기	의자왕(소멸)
소멸	말소기준이 되는 권리와 함께 점유권원이 없으며, 대항력 등이 없음	3천궁녀(소멸)

* 올마이티, 의자왕, 3천 궁녀
권리분석을 좀 더 쉽게 이해할 수 있도록 학습상 정한 구분적 용어이다.

- '올마이티'는 말소기준보다 선순위인 권리(* 등기부상 말소기준보다 선순위인 권리와 선순위인 대항력 있는 임차인)는 매수인이 인수하여야만 하는 절대적인 권리, 즉 전지전능한 신의 권리에 해당하는 것이기 때문에 매수인이 인수해야 하는 권리이다.

- '의자왕'은 말소기준이 정해지면 그 말소기준권리부터 그 이하의 권리(* 등기부상 말소기준보다 후순위인 권리와 후순위인 대항력 없는 임차인)를 소멸시키는 기준권리이다.

- '3천궁녀'는 말소기준권리(* 의자왕) 이후의 권리가 소멸함에 따라 전부 소멸하는 권리이다.

후순위라도 인수하는 가처분등기의 경우

- 말소기준이 되는 근저당권이 피담보채권이 없는 경우의 후순위 가처분등기

- 건물등기부에 토지소유자에 의하여 대지인도 및 건물철거청구권을 피보전권리로 한 가처분등기
- 2011. 10. 13. 예고등기제도 폐지 이후(* 부동산등기법 2020. 2. 4. 일부개정 법률 제16912호의 시행일인 2020.8.5. 전까지 말소되지 아니한 예고등기는 등기관이 직권말소) 경료된 처분금지가처분등기로서 피보전권리가 소유권이전등기말소청구권인 경우는 인수하고, 피보전권리가 경매신청채권자의 신청원인된 등기말소청구권인 가처분등기는 경우에 따라서 소멸 또는 인수한다.

선순위 인수권리라도 소멸되는 경우

- 부동산전부에 설정한 전세권자가 경매신청 또는 배당요구종기일까지 배당요구한 경우는 말소기준권리(* 의자왕)이다. 참고로 일부전세권인 경우 경매신청권은 없고, 해당 부분의 일부에 대하여는 말소기준이 될 수 있으나 부동산전부에 대한 말소기준권리는 될 수 없다.
- 부동산전부에 설정한 소유권이전청구권가등기권자가 경매신청 또는 배당요구한 경우는 말소기준권리(* 의자왕)이다. 단, 일부지분에 대한 소유권이전청구권가등기인 경우 해당 지분에 대하여는 말소기준이 될 수 있으나 부동산전부에 대한 말소기준권리는 될 수 없다.
- 선순위 가처분권자가 확정판결에 의해 경매신청을 하였거나 배당요구한 경우는 자신의 권리만 자멸(* 소멸)한다.
- 선순위 환매등기가 환매기간이 지난 경우에는 일단은 인수한 후 말소청구소송을 제기하여 판결을 득한 후 말소시킬 수 있다.

04 용익물권의 특성과 인수되는 용익물권

담보형 용익물권인 전세권
담보형 용익물권인 전세권은 경매신청권과 배당요구권이 있어 경매신청도 하고 배당요구도 할 수 있다.

순수 용익물권인 지상권과 지역권
순수 용익물권인 지상권, 지역권은 담보형 용익물권인 전세권과는 달리 경매신청권과 배당요구권이 없다.

담보물권과 용익물권의 소멸
- **담보물권(* 저당권, 질권, 유치권)**

  담보라는 의미처럼 돈을 빌려주고 안전하게 회수할 목적으로 하는 것이기 때문에 매각이 되면 최선순위 권리라도 최선순위 담보물권자가 경매신청을 했든 담보물권자보다 후순위의 권리자들이 경매신청을 했든, 최선순위의 담보물권자가 채권회수를 다했든 못했든 불문하고 소멸된다.

- **용익물권(* 지상권, 지역권, 전세권)**

  용익이라는 의미처럼 빌려서 사용할 수 있는 권리인데, 이 권리들은 최선순위가 담보물권이고 용익물권이 후순위이면 비록 용익물권의 사용기한이 남아있다 하더라도 매각이 되면 모두 소멸된다.

인수되는 용익물권

용익물권 중 지역권과 지상권은 경매신청을 하거나 배당요구를 할 수 없는 물권이며, 지상권이나 지역권이 선순위이고 담보물권이 후순위이면 인수권리가 된다.

그러나 용익물권인 전세권이 앞서고 담보물권이 후순위일 경우에는 누가 경매신청을 하였는가에 따라 소멸이나 인수의 여부가 결정된다.

예 다음의 사례에서 살펴보자. 단, 전세권은 건물 전부에 설정한 전세권이다.

구분	사례 1	사례 2	사례 3
1순위	저당권	전세권	배당요구 없는 전세권
2순위	전세권	저당권	저당권
경매신청인	저당권자 또는 전세권자	전세권자	저당권자
경매결과	모두 소멸	모두 소멸	전세권 소멸 불가(인수)

05 전세권과 주택·상가건물임대차보호법상 임차인 권리

주택임대차보호법상 임차인의 권리와 민법상 전세권은 완전히 별개의 권리이다.

- **임차인으로서 배당요구를 하고, 선순위 전세권자로서도 배당요구를 한 경우**

  우선변제권이 빠른 쪽을 택하여 배당을 받으면 될 것이고, 이런 경우 전세권 설정금액을 전액회수하지 못하였다 하더라도 선순위 전세권은 말소기준이 되므로 소멸이 된다. 만약 대항력(* 좁은 의미의 대항력)이 있는 임차인이라면 전세권은 소멸되더라도 임차인의 대항력은 유효하기 때문에 새로운 소유자로부터 보증금 전액을 회수할 때까지 그 권리를 주장할 수 있다.

- **임차인으로서 배당요구를 하고, 선순위 전세권자로서는 배당요구를 하지 않은 경우**

  임차인으로서 보증금을 전액회수하게 되면 말소되지 않을 전세권에 대해서도 말소 청구할 수 있을 것이다. 그러나 임차인이 보증금을 전액회수하지 못했다면 선순위 전세권자로서 배당요구를 하지 않았기 때문에 그 전세권으로 낙찰자에게 대항할 수 있다.

- **임차인으로서는 배당요구를 안 하고, 선순위 전세권자로서만 배당요구를 한 경우**

  선순위 전세권은 전세권 설정금액을 전액회수하지 못했다 하더라도 소멸이 되면서 말소기준권리가 된다. 그러나 전세권자로서 회수하지 못한 금액이 있더라도 대항력 있는 임차인이라면 낙찰자에게 대항할 수 있다.

- **임차인으로서도 선순위 전세권자로서도 배당요구를 하지 않은 경우**

  임차인이 대항력이 있으면 낙찰자가 임차인의 보증금 전액을 인수하게 되고, 임차인이 대항력이 없으면 낙찰자가 인수하게 되는 권리는 없다. 그러나 배당요구도 없고 경매신청도 하지 않은 선순위 전세권은 낙찰자가 인수해야 한다.

참고로 전세권자가 임차인의 자격으로 배당요구를 하였는지 전세권자로서 배당요구를 하였는지의 여부 확인은 대한민국법원의 〈법원경매정보〉사이트에서 〈경매물건〉, 〈경매사건검색〉, 〈문건송달내역〉, 〈문건처리내역〉, 〈접수내역〉에서 확인이 가능하다.

06 지상권의 소멸과 인수

선순위로 지상권이 설정되어 있는 부동산은 이의 권리를 인수하고도 될 정도의 가격이면 모르나 그렇지 않은 경우는 입찰을 금한다.

예 선순위의 지상권이 인수되는 경우

번호	접수일	내용	소멸 여부
1	2019. 6. 2	지상권	소멸 불가
2	2020. 6. 2	저당권	소멸
3	2021. 6. 2	저당권자의 경매신청	

앞서의 경우 후순위의 담보물권자가 경매신청을 하면 선순위 용익물권인 지상권은 소멸되지 않는다. 그러나 후순위 지상권은 소멸한다.

또한 다음과 같이 선순위채권자가 근저당권에 연이어 지상권을 동시에 설정한 후 선순위의 근저당권자가 그 근저당권에 기하여 경매신청을 했다고 가정해보자.

번호	접수일	내용	소멸 여부
1	2019. 6. 2	A은행 근저당권	소멸
2	2019. 6. 2	A은행 지상권 동시 설정	소멸
3	2020. 6. 2	B은행 근저당권	소멸
4	2021. 6. 2	A은행의 또는 B은행의 경매신청	

앞서의 경우처럼 선순위채권자가 근저당권과 동시에 같은 날짜로 하여 연이어 지상권을 설정하였다면 이는 채권확보를 목적으로 한 지상권(*담보지상권)이기 때문에 선순위 근저당권의 경매실행으로 매각되면 지상권도 함께 소멸한다. 설령 A은행의 근저당권과 지상권을 동시에 설정하면서 접수번호가 지상권이 근저당권보다 빨라서 근저당권보다 지상권이 먼저 설정된 경우라도 마찬가지이다.

저당권과 함께 동시 설정된 지상권의 소멸

저당권에 연이어 동시 설정된 지상권이 동일 채권자가 설정한 것이라면 저당권의 소멸로 동반 소멸된다. 지상권에 연이어 동시에 저당권이 설정된 경우라 하더라도 마찬가지이다. 그러나 동일 채권자이더라도 저당권에 연이어 설정된 지상권이 아니면 해당 채권자에게 선순위 지상권의 소멸 여부를 확인 후 응찰하는 것이 좋다.

07 가압류

가압류의 의의

가압류란 채권으로 장래에 실시할 강제집행이 불가능하게 되거나 현저히 곤란할 염려가 있는 경우 채무자의 현재 재산을 미리 확보함으로써 집행권원을 받아 그 강제집행을 보전함을 목적으로 하는 임시적 압류이다.

가압류의 목적

- 가압류는 금전채권이나 금전으로 환산할 수 있는 채권에 대하여 동산 또는 부동산에 대한 강제집행을 보전하기 위하여 할 수 있다.
- 채권에 조건이 붙어 있는 것이거나, 기한이 도래하지 아니한 것인 경우에도 가압류를 할 수 있다.

가압류의 특성

- 가압류 명령을 하자면 가압류에 의하여 보호되는 채권이 있어야 하고, 또한 가압류를 해야 할 이유가 있어야 한다.
- 가압류의 채권액은 등기부에 공시가 된 것도 있고, 되지 않은 것도 있다.
- 선순위 가압류라도 경매처리되면 소멸되므로 매수인이 인수해야 할

어떤 금원도 없다.

가압류의 실행

- 가압류하고자 하는 권리의 종류에 따라 등기부의 갑구 또는 을구에 행한다.
- 유체동산 및 부동산의 소유권·전세권·지상권·임차권, 선박·자동차·항공기 등이며, 그 밖의 채권 기타 재산권에도 가압류할 수 있다. 또한 부동산 소유권이전등기청구권도 가압류의 대상이 된다. 그러나 지역권은 요역지와 분리하여 처분할 수 없으므로 가압류의 대상이 되지 않는다.

경매에 있어서 압류의 의미

압류란 임시적인 가압류가 법원의 판결에 의해서 공정증서 등과 같은 일정한 집행권원을 확보하게 되는데, 집행권원 확보 후 경매신청을 하여 등기부에 경매개시결정등기가 있게 되면 가압류가 본압류로 되고, 바로 이때의 본압류를 압류라 한다.

가압류의 소멸

경매개시결정등기 전과 후의 가압류는 배타적 지배권을 갖고 있는 물권과는 달리 채권이고, 부동산 경매 시 압류 및 가압류채권은 매각에 의해 소멸되는 권리이다.

* 전소유자 가압류등기(일명 '조부가압류')가 말소촉탁의 대상이 되는지 여부의 판단 기준

부동산에 대한 선순위가압류등기 후 가압류목적물의 소유권이 제3자에게 이전되고 그 후 제3취득자의 채권자가 경매를 신청하여 매각된 경우, 가압류채권자는 그 매각절차에서 당해 가압류목적물의 매각대금 중 가압류결정 당시의 청구금액을 한도로 배당을 받을 수 있고, 이 경우 종전 소유자를 채무자로 한 가압류등기는 말소촉탁의 대상이 될 수 있다. 그러나 경우에 따라서는 집행법원이 종전 소유자를 채무자로 하는 가압류등기의 부담을 매수인이 인수하는 것을 전제로 하여 위 가압류채권자를 배당절차에서 배제하고 매각절차를 진행시킬 수도 있으며, 이와 같이 매수인이 위 가압류등기의 부담을 인수하는 것을 전제로 매각절차를 진행시킨 경우에는 위 가압류의 효력이 소멸하지 아니하므로 집행법원의 말소촉탁이 될 수 없다.

따라서 종전 소유자를 채무자로 하는 가압류등기가 이루어진 부동산에 대하여 매각절차가 진행되었다는 사정만으로 위 가압류의 효력이 소멸하였다고 단정할 수 없고, 구체적인 매각절차를 살펴 집행법원이 위 가압류등기의 부담을 매수인이 인수하는 것을 전제로 하여 매각절차를 진행하였는가 여부에 따라 위 가압류 효력의 소멸 여부를 판단해야 한다. (대판 2007. 4. 13. 선고 2005다8682)

보전처분의 취소

보전처분집행(* 가압류·가처분 등기) 후 3년간 본안의 소를 제기하지 아니하면 취소의 요건이 완성된다. 그리고 3년이 지난 후에 본안의 소를 제기하더라도 보전처분 취소의 효력은 발생한다. (* 참고 대판 2004. 4. 9. 선고 2002다58389)

단, 집행증서를 취득하였음을 이유로 가압류집행 후 3년 내에 본안의 소를 따로 제기하지 아니한 경우는 취소사유에 해당하지 않는다. (* 참고 대판 2016. 3. 24. 선고 2013마1412)

참고로 보전처분 사건기록 보존기간을 10년에서 5년, 5년에서 3년으로 단축되었으므로 현행 보전처분 취소를 구할 수 있는 기간은 보전집행 후 3년이다.

08 가압류권자의 배당요구와 배당금지급

가압류권자의 채권이 확정된 것이 아닌 경우 본안소송에서 채권이 확정되기 전까지는 법원에 공탁되며, 배당요구종기일까지 배당요구를 반드시 해야 되는지, 하지 않아도 되는지는 경매개시결정등기 전후의 가압류에 따라 다르다.

가압류권자의 배당요구

- **경매개시결정등기 전의 가압류권자**

  경매개시결정등기 전의 가압류권자는 배당요구신청하지 않아도 당연히 배당요구를 한 것과 동일하게 취급된다. 그러나 경매가 진행되면 배당요구종기일까지 채권계산서를 제출하여 경매진행을 원활하게 하는 것이 좋다.

- **경매개시결정등기 후의 가압류권자**

  경매개시결정등기 후의 가압류권자는 배당요구종기일까지 배당요구신청을 해야 한다. 그렇지 않으면 배당에서 제외된다. 왜냐하면 집행법원이 가압류의 사실을 알지 못하기 때문이다.

가압류권자의 배당금지급

- **경매개시결정등기 이전의 가압류권자**

  경매개시결정등기 이전에 가압류를 한 채권자는 배당요구신청을 하지 않았더라도 당연히 배당요구신청을 한 것과 동일하게 취급된다. 그리고 본안소송에서 채권이 확정되지 않은 가압류에 대한 배당은 본안소송에서 채권이 확정될 때까지 법원에 공탁된다. 공탁을 하는 이유는 가압류등기 그 자체만으로는 진정성에 의해 확정된 채권이 아니라고 판단하기 때문에 그렇다.

- **경매개시결정등기 이후의 가압류권자**

  경매개시결정등기 이후의 가압류권자는 배당요구를 해야 한다. 왜냐하면 경매법원으로서는 경매개시결정등기 후의 등기에 대해서는 알지 못하기 때문이다. 따라서 경매개시결정등기 이후의 가압류권자는 배당의 남음이 있을 때에 한하여 배당을 받을 수 있다. 단, 가압류채권에 대하여 확정판결을 받아야 한다.

09 가처분

가처분은 가압류와 함께 일컬어서 소의 제기를 위한 보전처분이라고 하는데, 보전처분이란 금전채권인 가압류와는 달리 비금전채권 권리관계 또는 법률관계에 관한 본안소송이 있을 것을 전제로 하여 법원으로부터 확정판결을 받을 때까지 손해가 발생하는 것을 방지할 목적으로 일시적이고 잠정적으로 조치를 강구하기 위해 하는 것이다.

가처분의 의의

가처분이란 채권자가 채무자에게 금전채권이 아닌 특정의 물건에 대한 청구권을 가진 경우 판결이 확정되어 그 강제집행시까지 방치하면 채무자가 그 물건의 현 상태를 변경할 수 있으므로 이를 저지시키기 위한 임시적인 처분을 말한다.

다시 말해서 가처분은 다툼이 있는 부동산을 현 상태대로 보전하기 위하여 청구권을 가진 채권자가 채무자의 재산은닉, 양도 등의 처분을 금지시키고 그 보관에 필요한 조치를 해두는 보전처분이다.

가처분의 목적

- 다툼의 대상에 관한 가처분은 현상이 바뀌면 당사자가 권리를 실행

하지 못하거나 이를 실행하는 것이 매우 곤란할 염려가 있을 경우에 한다.
- 가처분은 다툼이 있는 권리관계에서 임시의 지위를 정하기 위해서도 할 수 있다. 이 경우 가처분은 특히 계속하는 권리관계에 끼칠 현저한 손해를 피하거나 급박한 위험을 막기 위하여 또는 그 밖의 필요한 이유가 있을 경우에 해야 한다.

가처분의 특성

- 가처분은 '계쟁물에 관한 가처분'과 '임시적 지위를 보장하는 가처분'이 있다.
- 가처분은 이와 같이 다툼 있는 권리관계에 대하여 임시의 지위를 정할 필요가 있을 때 하는 것으로 재산법상의 권리관계에 한하지 않는다.
- 가처분권자는 경매에서 가압류권자와 마찬가지로 이해관계인이 아니다.
- 가처분권자는 가처분이 정지조건부채권일 뿐이므로 경매의 배당에도 참여할 수 없다.

대표적인 가처분

- **점유이전금지 가처분**
  소송 등의 목적이 되는 물건에 대하여 권리관계 등을 가처분집행 당시 상태대로 보전해줄 것을 의뢰하는 것이다.

* 점유이전금지 가처분 결정이 나면 결정문을 받고 14일 이내에 반드시 '집행'을 완료해야 한다. 왜냐하면 공시하는 절차를 거쳐하기 때문이다.

• 처분금지(* 양도금지) 가처분

처분행위(* 양도 및 저당설정 등)를 못하게 하는 것이다.

권리인수되는 후순위 가처분

후순위의 가처분등기는 매각으로 소멸하는 것이 원칙이다. 그러나 다음의 2가지 경우의 가처분등기는 후순위라도 소멸되지 않는다.

• 건물철거 및 토지인도청구권 보전을 위한 가처분

등기부상 토지와 건물의 소유자가 다른 상황에서 건물만이 경매로 나온 경우 건물철거에 대한 합의나 법정지상권 성립의 장애 사유로 인하여 토지소유자가 건물소유자를 상대로 건물철거 및 토지인도청구권 보전을 위하여 건물에 경료한 가처분등기는 순위에 관계없이 경매의 낙찰로 소멸되지 않으며, 설령 이런 가처분등기가 경매개시결정등기 이후에 경료된 것이라도 소멸되지 않는다.

• 피담보채권이 없는 선순위 근저당권 후의 가처분

선순위 근저당권이 피담보채권이 없는 형식상의 등기로만 존재하고 그 후순위로 가처분등기가 있는 경우도 소멸되지 아니 한다.

실무상으로는 소멸되지 않는 선순위 가처분은 특별매각조건으로 표기하고 있고, 소멸되지 않는 선순위의 가처분이 있는 경우라면 매각절차를 진행하지 않는 것이 원칙이다.

가처분의 취소

보전처분집행(* 가압류·가처분 등기) 후 2005. 7. 28이후 한 가처분 등기로서 3년간 본안의 소를 제기하지 아니하면 취소의 요건이 완성되고, 3년이 지난 후에 본안의 소를 제기하더라도 보전처분 취소의 효력은 발생한다. (* 참고 대판 2004. 4. 9. 선고 2002다58389)

그러나 집행증서를 취득하였음을 이유로 가처분집행 후 3년 내에 본안의 소를 따로 제기하지 아니한 경우는 취소사유에 해당하지 않는다.

10 선순위 가처분등기가 있을 때의 권리분석

물건이 너무 마음에 들고 가격도 마음에 들어 입찰하여 매수해보기로 작정하고 등기부를 발급받아 등기부를 정리해보니 선순위로 가처분등기가 있다. 선순위 가처분등기는 소멸되지 않는 인수권리이다.

선순위 가처분등기가 인수되는 경우

다음과 같다고 가정해보자.

번호	접수일	내용	소멸 여부
1	2019. 6. 2	소유권이전금지가처분	인수 또는 소멸
2	2020. 6. 2	저당권	소멸
3	2021. 6. 2	가압류	소멸
4	2021. 6. 9	저당권자의 경매신청	

일단은 인수해야 하고 소송의 결과에 따르므로 위험하다. 선순위 가처분이 있으면 매수인에게 소유권이 이전되더라도 가처분권은 잔존하게 되고, 이 가처분권자가 소송을 제기하여 재판에서 소유권에 관하여 승소를 하게 되면 매수인은 소유권을 잃게 되므로 가처분권자가 소송에서 패소할 것이라 확신하고 매수하는 경우라면 모르겠으나 재판의 결

과가 반대로 나온다면 낭패를 보게 될 것이다.

선순위 가처분등기가 소멸되는 경우

- 가처분권자가 승소 확정판결을 득한 후 경매신청을 하거나 배당요구를 하면 소멸될 권리이다.
- 가처분권자가 소송에서 패소하거나 가처분의 취소 시 소멸될 권리이다.

그리고 가처분 채권자가 채무자를 상대로 3년간(* 2005. 7. 28 이후 한 가처분등기) 본안소송을 제기하지 않은 채무자나 이해관계인이 그 취소를 구할 수 있다.

참고로 가처분이 인수될 경우 가처분에 대한 금액이 적은 때에는 매수인이 가처분권자의 채권을 직접 변제하거나 그 금원을 법원에 공탁하여 해결함으로써 가처분을 소멸시킬 수도 있으므로 입찰 시 가처분의 내용을 잘 확인한 후 응찰해야 한다.

11 가등기

가등기는 종국등기를 할 수 있는 실체적 또는 절차적 요건의 미비로 인하여 장래 그 요건이 구비된 후에 할 본등기의 순위를 보전하기 위하여 미리 하는 등기로서 소의 제기를 위한 보전처분이 아니다.

그러나 가압류나 가처분이 판결의 집행을 용이하게 하거나 확정판결을 받을 때까지 손해가 발생하는 것을 방지할 목적으로 상대방의 동의나 협조 없이 단독신청하여 등기하는 것과는 달리 가등기는 등기권리자의 단독신청으로 행할 수 있는 것이 아니며, 가등기도 등기의 일반원칙에 따라 가등기권리자와 가등기의무자가 공동으로 신청하는 것이 원칙이다. 단, 가등기의무자의 승낙서를 첨부한 경우(* 이때 가등기의무자의 승낙서에 대한 진정성을 확인하기 위하여 가등기의무자의 인감증명서를 첨부) 가등기권리자의 단독으로 신청할 수 있다.

가등기의 의의

가등기란 변동이 일어날 수 있는 부동산의 청구권을 유지하기 위해 본등기의 순위보전확보를 위하여 하는 임시적인 예비등기를 말한다.

다시 말해서 등기청구권에 의한 권리실행이 조건부 혹은 다른 사정에 의하여 법적 요건을 갖추지 못하여 본등기를 하지 못하고 있는 동안에 제3자가 그 부동산에 관하여 물권을 취득하게 되면 그에 대항할 수 없게 되므로 이 청구권의 순위를 미리 확보해 둘 수 있는 방안을 강구한 등기가 가등기이다.

가등기의 목적

가등기는 소유권, 지상권, 지역권, 전세권, 저당권, 권리질권, 임차권 등 권리의 설정, 이전, 변경 또는 소멸의 청구권을 보전하기 위함이다.

가등기의 특성

- 가등기에 기한 본등기의 순위는 가등기의 순위에 의하며 본등기를 해야만 효력이 발생한다. 1순위인 가등기가 본등기를 경료하면 본등기 전에 있는 등기부상의 많은 권리들을 제치고 바로 1순위가 된다.
- 가등기는 공시의 역할을 하기는 하지만 저당권과는 달리 채권액수, 채무자, 변제기 등은 공시되지 않는 것이 일반적이다.
- 등기부만으로는 보통 보전가등기와 담보가등기를 구분할 수 없다.

가등기의 분류

- **보전가등기(소유권이전청구권가등기)**
  소유권이전청구권의 순위를 보전하기 위한 본래의 가등기로 등기원인은 '매매예약'이다.
- **담보가등기(소유권이전담보가등기)**

채권담보의 목적으로 이루어지는 가등기로 등기원인은 '대물반환예약'이다.

가등기담보 등에 관한 법률

경매의 청구(제12조)

- 담보가등기권리자는 그 선택에 따라 제3조에 따른 담보권을 실행하거나 담보목적부동산의 경매를 청구할 수 있다. 이 경우 경매에 관하여는 담보가등기권리를 저당권으로 본다.
- 후순위권리자는 청산기간에 한정하여 그 피담보채권의 변제기 도래 전이라도 담보목적부동산의 경매를 청구할 수 있다.

우선변제청구권(제13조)

담보가등기를 마친 부동산에 대하여 강제경매 등이 개시된 경우에 담보가등기권리자는 다른 채권자보다 자기채권을 우선변제 받을 권리가 있다. 이 경우 그 순위에 관하여는 그 담보가등기권리를 저당권으로 보고, 그 담보가등기를 마친 때에 그 저당권의 설정등기가 행하여진 것으로 본다.

강제경매 등의 경우의 담보가등기(제14조)

담보가등기를 마친 부동산에 대하여 강제경매 등의 개시 결정이 있는 경우에 그 경매의 신청이 청산금을 지급하기 전에 행하여진 경우(청산금이 없는 경우에는 청산기간이 지나기 전)에는 담보가등기권리자는 그 가등기에 따른 본등기를 청구할 수 없다.

담보가등기권리의 소멸(제15조)

담보가등기를 마친 부동산에 대하여 강제경매 등이 행하여진 경우에는 담보가등기권리는 그 부동산의 매각에 의하여 소멸한다.

강제경매 등에 관한 특칙(제16조)

- 법원은 소유권의 이전에 관한 가등기가 되어 있는 부동산에 대한 강제경매 등의 개시결정이 있는 경우에는 가등기권리자에게 다음 각호의 구분에 따른 사항을 법원에 신고하도록 적당한 기간을 정하여 최고해야 한다.
    - ·해당 가등기가 담보가등기인 경우 : 그 내용과 채권(이자나 그 밖의 부수채권을 포함한다)의 존부·원인 및 금액
    - ·해당 가등기가 담보가등기가 아닌 경우 : 해당 내용
- 압류등기 전에 이루어진 담보가등기권리가 매각에 의하여 소멸되면 제1항의 채권신고를 한 경우에만 그 채권자는 매각대금을 배당받거나 변제금을 받을 수 있다.

이 경우 그 담보가등기의 말소에 관하여는 매수인이 인수하지 아니한 부동산의 부담에 관한 기입을 말소하는 등기의 촉탁에 관한 '민사집행법' 제144조제1항제2호를 준용한다.

- 소유권의 이전에 관한 가등기권리자는 강제경매 등 절차의 이해관계인으로 본다.

12 선순위 가등기가 있을 때의 권리분석

선순위 가등기가 있을 때의 권리분석

예 선순위의 가등기가 인수되는 경우 및 소멸되는 경우

번호	접수일	내용	소멸 여부
1	2017. 6. 2	소유권이전청구권가등기	인수 또는 소멸
2	2018. 6. 2	저당권	소멸
3	2019. 6. 2	가압류	소멸
4	2020. 6. 2	임차권	소멸
5	2021. 6. 2	저당권자의 경매신청	

인수되는 경우

소유권이전청구권가등기가 선순위인 경우에는 경매목적부동산이 매각되더라도 가등기는 말소되지 않고 그대로 남아 매수인이 인수해야 하므로 위험하다. 왜냐하면 소유권이전 후 말소되지 않고 매수인에게 인수된 가등기권자가 가등기의 순위로 본등기를 경료하면 소유권이 바뀌게 되어 매수인이 낭패를 보기 때문이다.

소멸되는 경우

- 선순위 소유권이전청구권가등기라도 경매법원의 최고에 의하여 채권

담보의 목적으로 경료한 것이라고 신고된 가등기(* 배당요구신청 유무에서도 알 수 있고, 경매신청채권자인지의 여부에서도 알 수 있음)는 소멸된다. 이때의 보전가등기는 담보가등기라 볼 수 있고, 이런 보전가등기는 담보가등기와 같이 저당권으로 취급되므로 선순위로서의 배당을 받으면 소멸된다.
- 소유권이전청구권가등기가 아닌 소유권이전담보가등기는 저당권으로 취급되므로 선순위인 경우라도 소멸되는 권리이다.
- 소유권이전청구권가등기라도 10년이 넘도록 본등기를 하지 않은 소유권이전청구권가등기는 소유권이전등기청구권을 채권적 청구권으로 보기 때문에 소유권이전청구권은 10년의 소멸시효에 걸리게 된다(* 제척기간의 도과). 그러므로 이런 경우의 소유권이전청구권가등기는 비록 선순위이더라도 말소청구의 대상이 된다.

그러나 제척기간 10년이 경과하였더라도 가등기권리자가 당해 물건에 점유를 하고 있다면 소멸시효의 중단으로 보아 말소가 되지 않음에 유의해야 한다.

제척기간과 소멸시효 중단사유

- **제척기간**

  어떤 종류의 권리에 대하여 법률상으로 정하여진 존속기간을 말하는데, 일정기간 내에 권리를 행사하지 않으면 해당 권리가 소멸된다는 점에서는 소멸시효와 비슷한 개념이다. 그러나 소멸시효와는 달리 제척기간은 시작일로부터 중단이나 정지 없이 연속된 기간을 말한다.

• 소멸시효 중단사유

점유, 재판상 청구, 압류·가압류, 가처분, 승인 등이 있다. 그러나 가등기가처분은 통상의 민사소송법상의 가처분과는 그 성질을 달리하는 것이므로, 이러한 가등기가처분은 민법 제168조 제2호에서 말하는 소멸시효의 중단사유의 하나인 가처분에 해당하지 않는다. (대판 93다16758)

소유권이전등기청구권은 채권적 청구권

가등기에 기한 소유권이전등기청구권이 시효의 완성으로 소멸된 경우 그 가등기 이후에 부동산을 취득한 제3자가 그 소유권에 기한 방해배제청구로서 그 가등기권자에 대하여 본등기청구권의 소멸시효를 주장하여 그 등기의 말소를 구할 수 있다. (대판 90다카27570)

등기부상 선순위 소유권이전청구권가등기 확인

등기부상에서 보전가등기나 담보가등기는 모두 '소유권이전청구권가등기'로 표시되어 있어 등기부등본만으로는 정확한 성격을 알 수가 없기 때문에 법원경매정보 사이트의 법원기록 〈문건송달내역〉, 〈문건처리내역〉, 〈접수내역〉을 통하여 채권계산서를 제출하거나 배당요구의 사실이 있는지를 꼼꼼히 살펴봐야 한다.

소유권이전청구권가등기가 정지조건부 권리인 경우

소멸시효의 기산점인 권리를 행사할 수 있는 때의 의미와 정지조건부권리의 경우 조건 미성취 동안 소멸시효는 진행되지 않는다. (대판 1992.

12. 22. 선고 92다28822 [나])

예외적으로 인수되는 담보가등기

담보가등기는 소멸주의가 원칙이나 예외적으로 담보가등기가 인수되는 경우가 있다. 이는 경매개시결정등기 전에 담보가등기권자가 청산절차를 완료한 경우이다.

그러나 담보가등기가 경료된 부동산에 대하여 경매개시결정등기 후에 청산절차가 완료된 경우에는 담보가등기권자는 그 가등기에 기한 본등기를 청구할 수 없다.

담보가등기권자로서 청산금의 지급만으로 본등기의 경료 없이 바로 담보목적물의 소유권을 취득하는 것은 아니다. 그러나 청산금을 지급한 이상 비록 본등기를 하지 않았다 하여도 사실상 소유권을 취득한 상태라고 볼 수 있는 것이다.

* 소유권이전청구권가등기권자가 본등기를 한 것이 아닌 매매 등으로 소유권이전을 한 경우

특정 물건에 관한 채권을 가지는 자가 그 물건의 소유자가 된 사정만으로 그 물건에 관한 채권이 혼동으로 소멸하지 않는다고 하였고, 가등기권자가 본등기절차에 의하지 아니하고 가등기설정자로부터 별도의 소유권이전등기를 경료받은 경우에는 혼동의 법리에 의하여 가등기권자의 본등기청구권도 소멸하지 않는다. (대판 2004다59546).

13 예고등기

예고등기제도의 폐지

예고등기제도는 선의의 제3자를 보호하고 부동산거래의 안전을 확보하기 위하여 수소법원에서 해당 부동산의 권리에 대하여 법적으로 계쟁관계에 있음을 공시하여 물권거래의 안전을 도모해주던 제도였다. 그런데 본래의 입법취지와는 다르게 등기명의인의 권리행사를 제약하는 등 강제집행절차를 방해할 목적으로 악용되는 경우가 많아 결국 예고등기제도가 2011. 10. 13.부터 폐지되었다. 따라서 예고등기제도가 없어진 후에 경매대상물건에 대한 소송의 공시는 '금지가처분 등기'를 통해서 알 수 있게 될 것이다.

예고등기의 의의

- 예고등기란 등기원인의 무효 또는 취소에 의한 등기의 말소 또는 회복의 소가 제기된 경우에 이를 제3자에게 경고하기 위하여 수소법원의 직권으로 촉탁하여 예고하는 등기이다.
- 수소법원의 직권에 의한 촉탁으로 등기를 하며, 소송이 제기된 등기원인이 갑구에 기재한 것이면 예고등기도 갑구에 행하고, 을구에 기재된 것이면 예고등기도 을구에 행한 것이다.

예고등기제도의 폐지로 소멸

예고등기의 말소는 그 소가 원고의 불이익으로 끝나는 경우 수소법원이 예고등기의 말소를 등기소에 촉탁하고, 그 소가 원고의 이익으로 끝나는 경우에는 원고승소의 판결 등에 의한 말소 또는 회복의 등기가 행하여진 때에는 등기관이 예고등기를 직권으로 말소하는 것이었는데, 예고등기제도가 2011. 10. 13.에 폐지되어 14년이 지나는 이 시점에서도 간간히 경매사건에서 예고등기를 볼 수 있는 것은 관련 소송이 대부분 끝이 났고, 그래서 예고등기가 말소되어 있어야 함에서 말소되지 못한 것이므로 낙찰 후 예고등기말소를 촉탁신청하면 된다.

참고로 부동산등기법 2020. 2. 4. 일부개정 법률 제16912호의 시행일인 2020. 8. 5. 전까지 말소되지 아니한 예고등기는 등기관이 직권으로 말소한다.

14 환매등기

환매등기의 의의

환매등기란 주택을 팔기로 한 매매계약과 동시에 하는 계약으로 일정한 기간 내에 그 주택을 다시 매수하기로 하는 것을 말하는 것이며, 이의 내용을 등기하는 것을 환매등기라 한다. 즉 채무자가 돈을 빌리면서 담보로 제공한 부동산을 채권자에게 일단 소유권을 넘겨주고 환매등기를 한 후 후일 일정한 기간 내에 채무를 갚으면 부동산의 소유권을 다시 찾아오게 할 수 있는 등기가 환매등기이다.

환매등기의 특성

- 환매권은 저당권과 비슷한 기능인 매도담보 성격을 가지며, 환매권은 양도할 수 있다.
- 환매등기는 소유권이전등기를 해야 대항할 수 있으며, 소유권이전등기에 부기등기함으로써 제3자에 대하여 효력이 있다.
- 매도인은 기간 내에 대금과 매매비용을 매수인에게 제공하지 아니하면 환매할 권리를 잃는다.

환매기간

환매기간은 계약이 성립한 날부터 계산하고, 환매기간은 부동산은 5

년, 동산은 3년을 넘지 못하며, 환매기간을 정한 때에는 다시 연장하지 못하는 강행규정이다. 그리고 환매기간을 정하지 아니한 때에는 부동산은 5년, 동산은 3년으로 한다.

환매등기의 인수 및 소멸

- **환매등기의 인수**

  환매등기가 선순위이고 그 환매기간이 남아있다면 매각으로 소멸되지 않고 매수인이 인수한다.

- **환매등기의 소멸**

  말소기준권리보다 후순위의 환매등기는 소멸한다. 그리고 선순위 환매등기라도 환매기간이 지났다면 소멸한다. 또한 환매기간이 지났다면 환매권자는 환매권을 행사할 수 없다.

15 선순위 환매등기가 있을 때의 권리분석

선순위 환매등기는 소멸되는 것이 있고 인수되는 것이 있으므로 그 환매기간을 잘 따져보아 입찰에 응해야 한다.

예 선순위의 환매등기가 있다고 가정해보자.

번호	접수일	내용	소멸 여부
1	2018. 6. 2	환매특약등기	인수
2	2019. 6. 2	저당권	소멸
3	2020. 6. 2	압류	소멸
4	2021. 6. 2	임차권	소멸
5	2021. 9. 2	매각대금 납부	

인수되는 경우

환매등기가 선순위이고 그 환매기간이 남아 있다면, 매각으로 소멸되지 않고 매수인이 인수해야 한다. 매수인이 환매등기를 인수한다는 것은 소유권이전과 동시에 매수인은 환매의무자가 된다는 것을 의미한다. 즉 등기부상 환매권자가 환매대금을 환매의무자(* 매수인)에게 지급하면 소유권을 이전해야 한다.

그리고 매각가와 환매대금을 비교하여 환매대금이 매각가보다 많다면 환매등기를 인수하였더라도 매수인에게는 유리하지만 환매대금이 매각가보다 적다면 매수인에게 불리하게 될 것이다.

그러므로 선순위의 환매등기가 그 환매기간이 남아 있다면 환매권자(* 매도자)가 환매권을 행사하면 매수인은 불측의 피해를 볼 수가 있으므로 환매기간이 지난 물건인지를 정확히 알아 본 후 응찰해야 할 것이다.

소멸되는 경우

말소기준권리보다 후순위이면 환매등기는 소멸한다. 그리고 선순위 환매등기라도 환매기간(* 부동산은 5년)이 매각대금을 납부한 날을 기준으로 5년을 도과했다면 일단 인수 후 환매권자를 상대로 말소청구의 소에서 확정판결 득한 후 소멸시키면 된다.

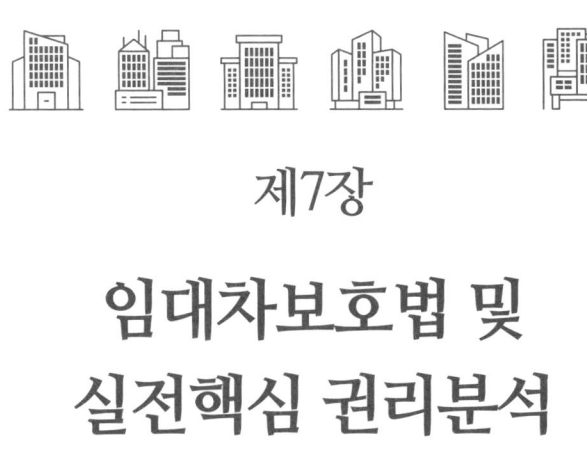

제7장

임대차보호법 및 실전핵심 권리분석

01 배당요구가 없는 대항력 있는 임차인

서울북부지방법원	2023 타경 ******		서울특별시 노원구 하계동 ○○아파트		
물건종류	아파트	채권자	앤○○○	감정가	530,000,000
대지권	17.5㎡(5.31평)	매각대상	토지/건물	최저가	(33%) 173,670,000
전용면적	59.7㎡(18.0평)	배당요구 종기일	2024-03-05	입찰 보증금	(10%) 17,367,000

〈임차인 현황〉

성립일자	권리자	점유부분	권리금액	권리신고
전입 2017-04-26 확정일자 없음 배당요구 없음	진○○	주택임차인 전부	235,000,000	무

〈등기부 현황〉

구분	성립일자	권리종류	권리자	권리금액	소멸 여부
을4	2022-01-28	근저당	앤○○○	338,000,000	소멸기준
갑3	2023-12-21	임의경매	앤○○○		소멸

〈기일 현황〉

회차	매각기일	최저매각가	결과	비고
5차	2025-03-18	217,088,000	유찰	
6차	2025-04-22	173,670,000	매각	입찰 7명 / 낙찰가 203,700,090 2등 입찰가 185,220,000

〈물건개요〉

물건은 우방이 건설하고 세대수는 288세대, 17층 중 16층, 7호선 하계역 근거리에 위치해 있고, 1999년식, 건령은 26년 된 아파트이다.

〈권리분석〉

권리는 을구 4의 2022. 1. 28. 앤○○○의 최초 근저당권을 말소기준권리로 하여 이 등기 이하의 권리는 전부 소멸이 되는 권리이기 때문에 낙찰자가 등기부상으로 인수하게 되는 권리는 없으나 등기부상 외의 권리인 임차인은 대항력이 있다.

임차인 진○○의 2017. 4. 26. 전입신고는 을구 4의 최초 근저당권 설정일보다 빨라서 대항력이 있으나 확정일자가 없기 때문에 우선변제권은 없다. 만약 이런 경우의 임차인은 배당요구를 한다고 해도 확정일자에 의한 우선변제권이 없기 때문에 근저당권보다 우선변제받을 수 없다.

이 임차인은 권리신고만 해서 대항력만 취한 후 본 임대차계약 만료 시까지 대항력에 의해 계속 거주하다가 임대차 만료 시 낙찰자인 소유자로부터 보증금을 회수해 가면 된다.

따라서 이 경우에서 임차인은 배당요구를 안 했기 때문에 누군가가 낙찰받으면 임차인 진○○의 대항력에 의한 임차보증금 235,000,000원은 인수해야 하는 상황이다.

〈입찰결과〉

입찰결과 임차인 진○○은 배당요구를 하지 않았고 임대차계약이 존속하는 방법을 택했다. 이런 이유로 입찰자가 낙찰받으면 인수하게 되는 대항력 있는 임차보증금 235,000,000원 때문에 5차까지 유찰되었고, 6차 때 입찰자는 203,700,090원으로 낙찰받았다. 따라서 감정가가 530,000,000원인 아파트를 낙찰가 203,700,090원에 인수금 235,000,000원을 합하여 438,700,090원에 취득하게 된 셈이다.

2025년 8월 현재 이 아파트의 매매가격은 480,000,000원 정도의 가격이므로 보증금을 인수하고도 손해는 보지도 않으면서 시세보다 저렴하게 매수했고, 취득세도 절세하면서 좋은 결과를 낳았다.

02 임차인이 겸유권자로서 배당요구가 없는 경우

* 겸유권과 겸유권자란 법률용어는 아니지만 학습상의 표현이다. 겸유권이란 좁은 의미의 대항력만 있는 대항력과 선순위의 우선변제권을 함께 가지고 있는 경우의 임차인 권리를 말하는 것이고, 그런 권리를 모두 가진 임차인을 겸유권자라 한다.

서울서부지방법원		2024 타경 ****		서울특별시 마포구 서교동 ○○아파트	
물건종류	아파트	채권자	김○○	감정가	2,180,000,000
대지권	26.4㎡(7.9평)	매각대상	토지/건물	최저가	(41%) 892,928,000
전용면적	142.㎡(42.9평)	배당요구 종기일	2024-11-28	입찰 보증금	(10%) 89,292,800

〈임차인 현황〉

성립일자	권리자	점유부분	권리금액	권리신고
전입 2019-05-27 확정 2019-04-01 배당요구 없음	윤○○	임차인 전부	1,200,000,000	유

〈등기부 현황〉

구분	성립일자	권리종류	권리자	권리금액	소멸 여부
을7	2020-02-04	근저당	이○○	360,000,000	소멸기준
갑4	2020-02-18	가압류	유○○	20,000,000	소멸
을8	2020-03-09	근저당	김○○	180,000,000	소멸
을9	2021-11-04	근저당	이○	550,000,000	소멸
갑15	2024-09-11	임의경매	김○○		소멸

〈기일 현황〉

회차	매각기일	최저매각가	결과	비고
3차	2025-05-07	1,395,200,000	유찰	
4차	2025-06-10	1,116,160,000	유찰	
5차	2025-07-15	892,928,000	매각	입찰 3명 / 낙찰가 1,140,000,000 2등 입찰가 1,100,000,000

〈물건개요〉

물건은 지에스가 건설하고 세대수는 617세대, 30층 중 10층, 2, 6호선 합정역에 접하는 더블 역세권에 위치해 있고, 2012년식, 건령은 13년 된 주상복합 아파트이다.

〈권리분석〉

권리들은 을구 7의 2020. 2. 4. 이○○의 최초 근저당권을 말소기준권리로 하여 이 등기 이하의 권리는 전부 소멸이 되는 권리이기 때문에 낙찰자가 인수하게 되는 권리는 없으나 등기부상 외의 권리인 임차인은 대항력이 있다.

임차인 윤○○의 2019. 5. 27. 전입신고는 을구 7의 최초 근저당권 설정일보다 빨라서 대항력이 있고, 확정일자의 우선변제 효력일은 2019. 5. 28.이기 때문에 을구 7의 최초 근저당권 설정일 2020. 2. 4.보다 빨라서 우선변제권도 선순위이다.

따라서 임차인은 대항력도 있고 우선변제권도 선순위이기 때문에 겸유권자이다. 그러나 임차인은 2024. 11. 28. 배당요구종기일까지의 날에 권리신고만 하고 배당요구신청을 하지 않았기 때문에(* 법원의 매각물건명세서에서 확인) 확정일자에 의한 우선변제권은 있으나 배당을 우선변제받을 수가 없다.

이런 경우의 임차인은 권리신고만 해서 대항력만 취한 후 본 임대차계약 만료 시까지 대항력에 의해 계속 거주하다가 임대차 만료 시 낙찰자인 소유자로부터 보증금을 회수해 가는 방법을 택하거나 아니면 배당요구를 해서 우선변제 배당을 받고 계약해지로 임대차계약을 종료하고 주택을 인도할 것인지 선택을 하면 된다.

그런데 이 임차인은 권리신고만 하고 배당요구를 안 했기 때문에 누군가가 낙찰받으면 임차인 윤○○의 대항력에 의한 임차보증금 1,200,000,000원은 인수해야 하는 상황이다.

〈입찰결과〉

입찰결과 임차인 윤○○은 배당요구를 하지 않았고 임대차계약이 존속하는 방법을 택했다. 이런 이유로 입찰자가 낙찰받으면 인수하게 되는 대항력 있는 임차보증금 1,200,000,000원 때문에 4차까지 유찰되었고, 5차 때 낙찰자는 1,140,000,000원으로 낙찰받았다. 따라서 감정가가 2,180,000,000원인 아파트를 낙찰가 1,140,000,000원에 인수금 1,200,000,000원을 합하여 2,340,000,000원에 취득하게 된 셈이다.

참고로 대항력자의 인수보증금 때문에 많이 유찰된 탓에 낮은 가격으로 매수했기에 취득세는 많이 절약됐을 것이다. 그리고 인수한 임차보증금은 경매사건자료와 향후 반환보증금을 지불한 통장 등의 증빙자료를 남겨 놓으면 양도소득세 계산 시 취득가액 자료로도 쓸 수 있으므로 아무 문제는 없다.

2025년 8월 현재 이 아파트의 매매가격은 26억~27억 원 정도의 가격이므로 보증금을 인수하고도 손해는 보지 않으면서 좋은 결과를 낳았다고 판단할 수 있다.

03 주택임대차보호법 지역·경과별 소액보증금

법 경과일 (기준일)	지역	한도금액 (환산보증금)	최우선변제금
2016. 3. 31. ~ 2018. 9. 17.	서울특별시	10,000만 원 이하	3,400만 원 이하
	과밀억제권역	8,000만 원 〃	2,700만 원 〃
	광역시	6,000만 원 〃	2,000만 원 〃
	기타 지역	5,000만 원 〃	1,700만 원 〃
2018. 9. 18. ~ 2021. 5. 10.	서울특별시	11,000만 원 〃	3,700만 원 〃
	과밀억제권역	10,000만 원 〃	3,400만 원 〃
	광역시	6,000만 원 〃	2,000만 원 〃
	기타 지역	5,000만 원 〃	1,700만 원 〃
2021. 5. 11. ~ 2023. 2. 20	서울특별시	15,000만 원 〃	5,000만 원 〃
	과밀억제권역	13,000만 원 〃	4,300만 원 〃
	광역시	7,000만 원 〃	2,300만 원 〃
	기타 지역	6,000만 원 〃	2,000만 원 〃
2023. 2. 21. ~ 현재	서울특별시	16,500만 원 〃	5,500만 원 〃
	과밀억제권역	14,500만 원 〃	4,800만 원 〃
	광역시	8,500만 원 〃	2,800만 원 〃
	기타 지역	7,500만 원 〃	2,500만 원 〃

* 단, 주택임대차보호법상 지역구분은 현행법(2023. 2. 21. 개정)에서 과밀억제권역은 서울특별시를 제외하고, 상가건물임대차보호법에서 규정하고 있는 것과는 달리 세종특별자치시와 경기도의 용인시·화성시·김포시를 포함하고, 광역시에는 경기도의 안산시·광주시·파주시·이천시·평택시가 포함되고 있는데, 이의 지역구분은 법 개정일에 따라 다를 수 있으므로 세심한 주의가 필요하다.

04 상가건물임대차보호법 지역·경과별 한도환산보증금·소액환산보증금

법 경과일 (기준일)	지역	한도환산보증금	소액환산보증금	최우선변제금
2014. 1. 1. ~ 2018. 1. 25.	서울특별시	4억 원	6,500만 원	2,200만 원
	과밀억제권역	3억 원	5,500만 원	1,900만 원
	광역시	2억 4,000만 원	3,800만 원	1,300만 원
	기타 지역	1억 8,000만 원	3,000만 원	1,000만 원
2018. 1. 26. ~ 2019. 4. 1.	서울특별시	6억 1,000만 원	6,500만 원	2,200만 원
	과밀억제권역	5억 원	5,500만 원	1,900만 원
	광역시	3억 9,000만 원	3,800만 원	1,300만 원
	기타 지역	2억 7,000만 원	3,000만 원	1,000만 원
2019. 4. 2. ~ 현재	서울특별시	9억 원	6,500만 원	2,200만 원
	과밀억제권역	6억 9,000만 원	5,500만 원	1,900만 원
	광역시	5억 4,000만 원	3,800만 원	1,300만 원
	기타 지역	3억 7,000만 원	3,000만 원	1,000만 원

*환산보증금

환산보증금이란 보증금과 월세환산액(* 월세를 연 12%의 금리를 적용하여 보증금으로 환산 : 월세×100)을 합한 금액을 말한다.

* 단, 상가건물임대차보호법상 지역구분은 현행법(2019. 4. 2. 개정)에서 과밀억제권역은 서울특별시를 제외하고, 주택임대차보호법에서 규정하고 있는 것과는 달리 부산광역시는 과밀억제권역에 포함하고, 광역시에는 수도권정비계획법에 따른 과밀억제권역에 포

함된 지역과 군 지역을 제외해서 세종특별자치시와 경기도의 파주시·화성시·안산시·용인시·김포시·광주시를 포함하고 있는데, 이의 지역구분은 법 개정일에 따라 다를 수 있으므로 세심한 주의가 필요하다.

05 임대차보호법상 대항력과 최우선변제권

임대차보호법상 대항요건

주택 또는 상가건물임대차보호법에서 각각의 법의 보호를 받으려면 임차권을 매개로 하여 주민등록(* 상가는 사업자등록)과 주택인도(* 상가건물인도)를 마친 임차인이어야 하는데, 이때 주민등록(* 상가는 사업자등록)과 주택인도(* 상가건물인도)의 요건을 대항요건이라 한다. 임대차보호법에서의 기본은 임차인의 대항요건에서 출발하게 되므로 매우 중요한 것이다. 따라서 이 요건 중에서 한 가지라도 갖추어지지 않으면 대항요건을 갖추지 못한 것이 되어 많은 불이익이 따르게 된다.

임대차보호법상 대항력

대항력이란 임차인이 제3자에게 자신의 임대차관계를 주장할 수 있는 권리를 말한다. 이때 제3자란 특정승계인(* 매매, 교환, 증여), 포괄승계인(* 상속, 포괄유증, 합병), 저당권자, 전세권자, 취득자, 매수인 등이 포함된다.

- **넓은 의미의 대항력**

  넓은 의미의 대항력은 주민등록(* 상가는 사업자등록)과 주택인도(* 상가건물인도)라는 대항요건만 갖춤으로써 제3자에게 임차권을 주장한다는 것인 바, 예를 들면 바뀐 집주인에게 임차인의 지위를 주장하여 전주인과 맺은 계약을 인정받아 계약기간까지 살거나 운영할 수 있음을 주장하고 전소유자에게 지불했던 임차보증금도 현소유자로부터 돌려받을 수 있는 권리 등을 말한다.

- **좁은 의미의 대항력**

  좁은 의미의 대항력은 주택의 등기부가 깨끗할 때, 즉 임차목적물인 주택이나 상가건물의 건물등기부에 (가)압류, (근)저당, 소유권이전담보가등기, 강제경매개시결정등기가 없을 때에나 이런 권리들이 변제 등으로 그 법적 효력이 상실되었을 때 가질 수 있는 권리이다. 그러므로 이런 권리를 가지고 있을 때 우리는 '대항력이 있다'라고 하며, 이것이 부정될 때에는 '대항력이 없다'라고 말한다. 결론적으로 부동산 경·공매에서의 대항력은 좁은 의미의 대항력을 뜻한다.

* 경매에 의한 임차권의 소멸

임차권은 임차주택 또는 임차상가에 대하여 '민사집행법'에 따른 경매가 행해진 경우에는 그 임차주택 또는 임차상가의 경락에 따라 소멸한다. 다만, 보증금이 모두 변제되지 아니한 대항력이 있는 임차권은 그러하지 아니하다.

* 효력발생일

임대차보호법에서 "임대차는 그 등기가 없는 경우에도 임차인이 주민등록(* 상가는 사업자등록)과 주택인도(* 상가건물인도)를 마친 때에는 그 익일부터 제3자에 대하여 효력이 생긴다. 다시 말해서 대항력의 효력 발생일은 대항요건을 갖춘 날의 익일(다음 날) 오전 0시이다.

그리고 여기서 중요한 것은 주민등록(* 상가는 사업자등록)는 벌써 해 놓고 주택인도(* 상가건물인도)가 늦었다든가 아니면 반대로, 주택인도 (* 상가건물인도)는 벌써 해놓고 주민등록(* 상가는 사업자등록)가 늦 었다든가 하면 이 2가지 중 늦게 갖춘 다음날에 효력이 발생한다.

* 대항력은 건물의 말소기준권리에 의해 결정

대항력은 토지가 아닌 건물의 말소기준권리에 의해서 결정이 된다. 즉 토지의 저당설정일 등이 아닌 건물의 저당설정일 등이 기준이다.

토지에 관한 저당권설정 후 지상에 건물이 신축된 경우 건물임차인의 매수인에 대한 대항력 유무는 건물의 담보물권설정일 또는 가압류등기 일 등을 기준으로 한다.

다시 말해서 임차인의 대항력 유무는 토지에 관한 저당권설정일이 아 닌 건물의 말소기준권리에 의해 결정되므로 임차인의 대항력효력발생일 보다 빠른 토지에 관한 저당권설정일자의 기준에 의해 임차인의 대항력 유무를 판단하면 안 된다.

임대차보호법상 최우선변제권

임차주택이나 임차상가가 경·공매 등에 의하여 소유권이 이전되는 경우 경매절차에서 임차보증금 중 일정액을 타 권리자보다 최우선하여 배당받을 수 있는 권리를 말하며, 주민등록(* 상가는 사업자등록)과 주택인도(* 상가건물인도)라는 대항요건을 갖추고 보증금이 소액보증금에 해당된다면 비록 임차인이 후순위로 대항요건을 갖추었다 하더라도 소액임차인에 해당되어 배당요구종기일까지 배당요구가 되었다면 경매부동산상의 모든 권리들보다 일정 금액을 최우선적으로 변제받을 수 있는 권리를 의미한다.

최우선변제권은 주민등록(* 상가는 사업자등록)과 주택인도(* 상가건물인도)라는 대항요건에 소액보증금으로 임차한 임차인이면 되고 계약서상의 확정일자 유무와는 관계없이 보호받을 수 있다.

임대차보호법상 소액보증금 해당 여부의 판단기준일

임차인들을 포함한 많은 대다수의 사람들이 임차인의 주민등록일(* 상가는 사업자등록일)이나 임대차계약일을 기준으로 자신의 소액임차인 해당 여부를 가지고 판단하는 경우를 종종 본다. 그러나 소액임차인이 되는지 어떤지의 구분은 임차인의 주민등록일(*상가는 사업자등록일)이나 임대차계약일과는 전혀 관계가 없다.

오로지 소액임차인에 해당하는지의 여부는 임차한 주택이나 상가건물의 등기부상의 권리 중 최선순위의 담보물권인 (근)저당권 등의 일자를 기준으로 하여 그 등기일 당시의 법 규정에 따라 소액보증금액에 해당되는지의 여부에 따라 판단하게 된다. 그러나 최선순위 가압류 및 압류는 담보물권이 아니라 채권이므로 이 채권의 등기일자는 소액임차인의 해당 여부를 가리는 판단기준일이 될 수 없다.

06 전차인과 전차인의 보증금 회수

주택임대차보호법상 전대차

전대차란 임대인과 직접 맺은 임대차계약이 아니고 임대인과 계약한 임차인과 맺은 계약을 말하며, 전차인은 임대인의 동의를 받아야만 대항력과 우선변제권이 유지될 수 있다.

- 임차인이 전입하였다가 전대한 경우

  대항요건을 갖춘 주택임차인이 임대인의 동의를 얻어 적법하게 임차권을 양도하거나 전대한 경우 양수인이나 전차인이 임차인의 주민등록 퇴거일로부터 주민등록법상의 전입신고기간(* 14일) 내에 전입신고를 마치고 주택을 인도받아 점유를 계속하고 있다면 원래의 임차인이 갖는 임차권의 대항요건은 소멸되지 아니하고 동일성을 유지한 채 존속한다.

- 임차인이 전입하지 않고 전대한 경우

  주택임차인이 임차주택에 직접 점유하여 거주하지 않고 간접 점유하여 자신의 주민등록을 이전하지 아니한 경우 임대인의 승낙을 받아 임차주택을 전대하고 그 전차인이 주택을 인도받아 자신의 주민등록을 마친 때에는 그 때로부터 임차인은 제3자에 대하여 대항요건을 취득한다.

주택임대차보호법상 전차인의 보증금 회수

원칙적으로 전차인은 임대인에게 직접 임차보증금반환청구를 할 수 없고, 전대인에게 청구해야 하기 때문에 경매절차에서도 전차인은 배당요구를 할 수 없고 대위청구가 가능하다.

그러나 서민보호라는 주택임대차보호법의 입법취지상 소액임차인의 최우선변제권은 아주 강력한 물권적 권리이기 때문에 전대인이 소액임차인에 해당되고, 전차인이 소액임차인에 해당된다면 실무처리상 전차인의 최우선변제권을 인정하고 있다.

상가건물임대차보호법상 전대차

상가건물임대차보호법상 전대차계약은 임대인의 동의(* 필수)가 있어야 하고, 전차인은 주택임대차보호법상의 전차인과는 달리 확정일자의 부여대상이 아니다. 왜냐하면 전차인은 제3자에 대한 대항력 및 우선변제권 등의 권리가 상가건물임대차보호법에서는 규정되어 있지 않기 때문이다.

그러므로 업무처리 과정에서 전차인과 임차인을 구별할 수 없어 확정일자를 부여 한 경우에도 전차인은 대항력이 발생하지 않으므로 우선변제권을 얻을 수 없다.

다만 전차인은 전대인이 임차인으로서 건물인도와 사업자등록 및 확정일자를 받아 우선변제권을 득한 경우 임차인의 임대보증금에 대하여 민법규정의 채권자 대위권을 행사하여 적극적으로 채권(* 임차보증금)을 변제받을 수 있다.

참고로 상가건물을 임차하고 사업자등록을 마친 사업자 임차인이 임차건물의 전대차 등으로 당해 사업을 개시하지 않거나 사실상 폐업한 경우 임차인이 상가건물임대차보호법상의 대항력 및 우선변제권을 유지하기 위해서는 상가건물을 직접 점유하면서 사업을 운영하는 전차인이 그 명의로 사업자등록을 해야 한다.

상가임대차보호법상 전차인의 보증금 회수

왜냐하면 전차인은 제3자에 대한 대항력 및 우선변제권 등의 권리가 법에 규정되어 있지 않기 때문에 배당요구를 할 수 없으므로 전차인은 임대인에게도 보증금을 회수할 수도 없고, 오직 전대인의 우선변제권에 의한 대위청구가 가능할 뿐이다.

07 경매신청 또는 배당요구가 없는 선순위 전세권

서울중앙지방법원	2023 타경 ******		서울특별시 강남구 삼성동 ○○아파트		
물건종류	아파트	채권자	송○○○	감정가	2,620,000,000
대지권	39.0㎡(11.8평)	매각대상	토지/건물	최저가	(51%) 1,341,440,000
전용면적	84.2㎡(25.4평)	배당요구 종기일	2023-08-25	입찰 보증금	(10%) 134,144,000

〈임차인 현황〉

성립일자	권리자	점유부분	권리금액	권리신고
전입 2017-04-25 확정일자 없음 배당요구 없음	김○○○	전세권자	900,000,000	무

〈등기부 현황〉

구분	성립일자	권리종류	권리자	권리금액	소멸 여부
을2	2017-04-25	전세권	김○○○	900,000,000	인수
을4	2021-02-24	근저당	송○○○	1,105,000,000	소멸기준
을5	2022-04-13	근저당	이○○	500,000,000	소멸
갑10	2023-06-08	임의경매	송○○○		소멸

* 을구 2의 전세권 기간은 2년, 전세권자 김○○○은 배당요구 없음

〈기일 현황〉

회차	매각기일	최저매각가	결과	비고
2차	2024-01-17	2,096,000,000	유찰	
3차	2024-02-14	1,676,800,000	유찰	
4차	2024-03-20	1,341,440,000	매각	입찰 7명 / 낙찰가 1,582,010,000 2등 입찰가 1,389,980,000

〈물건개요〉

물건은 현대건설이 건설하고 세대수는 1,144세대인 21층 중 6층, 7호선 청담역 인근에 위치해 있고, 2008년식, 건령은 17년 된 대단지 아파트이다.

〈권리분석〉

갑구 2의 2021. 2. 24.자로 설정된 송○○○의 근저당권을 말소기준권리로 하여 이 등기 이하의 권리는 전부 소멸이 되는 권리이다.

그러나 말소기준권리보다 선순위인 전세권은 권리신고(* 채권계산서 제출 : 배당요구)를 하지 않았고 경매신청도 하지 않았기 때문에 전세권은 말소가 안 되고 낙찰자가 전세권과 그 설정금액900,000,000원을 낙찰자가 인수해야 한다.

그리고 이와 같은 물건에서 선순위 전세권에 대해서 인수하게 되는 권리라는 사실을 간과한 탓에 권리분석을 잘 못하여 입찰보증금을 날리는 경우를 많이 봐왔기 때문에 조심해야 한다.

참고로 이와 같은 사례의 전세권자는 임차인으로서의 확정일자에 의한 우선변제권은 없으나 전입신고와 점유하고 있으므로 대항력은 있다. 그리고 이 사건의 선순위 전세권은 전세권자로서 채권계산서 제출(* 배당요구)를 안했거나 경매신청을 하지 않은 전세권자의 권리는 낙찰자가 전부 인수해야 한다는 사실을 반드시 기억해야 할 것이다.

〈입찰결과〉

감정가 2,620,000,000원인 아파트가 3회 유찰되어 4차 때의 최저매각가가 1,341,440,000원일 때 감정가의 60%인 1,582,010,000원에 낙찰되었는데, 이런 낮은 가격으로 낙찰된 것은 역시나 낙찰자가 인수하게 되는 전세권(* 설정금 900,000,000) 때문이다.

입찰결과 취득가는 낙찰가 1,582,010,000원에 인수금 900,000,000원을 합하면 총 2,482,010,000원의 가격으로 취득하게 된 셈인데, 다만 최고가매수신고인과 2등과의 가격차이가 약 2억 원 정도나 되는 것이 조금 아쉽긴 하지만 2025년 8월 현재 이 아파트의 매매가격은 약 32억 원이나 하므로 좋은 결과는 낳았다고 판단할 수 있다

08 경매신청 또는 배당요구를 한 선순위 전세권

서울북부지방법원		2023 타경 *****	서울특별시 성북구 길음동 ○○아파트		
물건종류	아파트	채권자	굿○○○	감정가	1,870,000,000
대지권	52.6㎡(15.9평)	매각대상	토지/건물	최저가	(80%) 1,496,000,000
전용면적	112.5㎡(34.0평)	배당요구 종기일	2024-01-11	입찰 보증금	(10%) 149,600,000

〈임차인 현황〉

성립일자	권리자	점유부분	권리금액	권리신고
전입신고 없음 확정일자 없음 배당 2023-11-29	박○○○	전세권자 전부	1,150,000,000	배당요구

〈등기부 현황〉

구분	성립일자	권리종류	권리자	권리금액	소멸 여부
을1	2022-08-11	전세권	박○○○	1,150,000,000	소멸기준
을2	2023-06-01	근저당	굿○○○	525,000,000	소멸
을3	2023-06-01	근저당	윤○○	143,000,000	소멸
갑7	2023-10-23	가압류	케○○○	18,348,559	소멸
갑8	2023-11-01	임의경매	굿○○○		소멸

* 을구 1의 전세권자 박○○○은 배당요구종기일 이전인 2014.1.16.에 배당요구(채권계산서 제출)신청 하였음

〈기일 현황〉

회차	매각기일	최저매각가	결과	비고
신건	2024-06-11	1,870,000,000	유찰	
2차	2024-07-16	1,496,000,000	매각	입찰 5명 / 낙찰가 1,626,999,000 2등 입찰가 1,611,100,000

〈물건개요〉

물건은 롯데건설이 건설하고 세대수는 2,029세대인 26층 중 5층, 4호선 길음역 인근에 위치해 있고, 2022년에 신축분양한 대단지 아파트이다.

〈권리분석〉

2022. 8. 11.에 설정되어 있는 을구 1의 전세권자가 채권신고 및 배당요구를 했으므로 이 선순위 전세권을 말소기준권리로 하여 전부 소멸되는 것이다. 왜냐하면 선순위 전세권에 대하여 법원의 문건 접수내역을 확인해보니 전세권자가 채권신고 및 배당요구를 하고 있었기 때문이다. 따라서 이 사건 경매에서 인수하게 되는 권리는 없다.

참고로 위와 같은 경우에, 선순위 전세권자가 낙찰을 받는다면 대금납부 시 전세금 채권에 대해서 채권상계를 하면 필요자금을 덜 준비해도 된다는 것을 알려주고 싶고, 전세권은 경매신청채권자이거나 배당요구 신청을 하게 되면 전세권은 담보형 용익물권, 즉 저당권으로 보기 때문에 이런 경우 전세권 설정액을 전액 회수하지 못했다 하더라도 소멸이 된다는 점도 알고 있어야 한다.

그리고 전세권자가 임차인으로서도 선순위로 전입신고가 된 경우라면 대항력 있는 임차인이 되므로 선순위 전세권자로서 배당금으로 덜 받은 금액만큼을 전세권자가 아닌 임차인으로서의 대항력으로 그 부족분을 낙찰자에게 주장하게 될 것이므로 낙찰자는 그 얼마만큼의 금액을 인수해야 한다는 점도 함께 알고 있어야 한다.

또한 주택·상가건물 임대차보호법상 임차인의 권리와 민법에서의 물권인 전세권은 완전히 별개의 권리로 본다. 따라서 이렇게 임차인 겸 전세권자가 있을 때에는 권리분석 시 임대차보호법과 물권인 전세권을 구분지어서 분석해야 한다는 사실까지도 알고 있으면 좋겠다.

〈입찰결과〉

감정가 1,870,000,000원인 아파트를 1회 유찰된 후 입찰자 5명의 경쟁으로 1,626,999,000원에 낙찰을 받았다. 입찰가격도 다른 심플한 경우의 물건처럼 취급되어 감정가 1,870,000,000원인 아파트를 1,626,999,000원의 가격으로 낙찰받았으니 아주 훌륭하다. 2025년 8월 현재 이 아파트의 매매가격은 약 18.5억~20억 원 정도이다.

09 법정지상권 권리분석

서울동부지방법원	2001 타경 *****		서울특별시 강동구 길동 ***		
물건종류	토지(대지)	채권자	넥○○○	감정가	3,993,120,000
토지	1109㎡(335평)	매각대상	토지만	최저가	(51%) 2,044,478,000
건물	건물매각 제외	배당요구 종기일		입찰 보증금	(10%) 204,447,800

〈등기부 현황〉

구분	성립일자	권리종류	권리자	권리금액	소멸 여부
을1	1997-02-03	근저당	넥○○○	2,100,000,000	소멸기준
을2	1997-02-03	근저당	강○○	400,000,000	소멸
을3	1997-06-18	근저당	청○○	1,250,000,000	소멸
갑11	1999-05-03	가압류	이○○	1,000,000,000	소멸
갑32	2002-01-29	임의경매	넥○○○		소멸

* 이 사건 대지 위에 임시사용승인 상태로 보존등기 촉탁되고 집합건축물대장상 미등재상태인 철근콘크리트 슬래브지붕 8층 근린생활시설 및 연립주택이 있음

〈기일 현황〉

회차	매각기일	최저매각가	결과	비고
2차	2006-12-04	3,194,496,000	유찰	
3차	2007-01-15	2,555,597,000	유찰	
4차	2007-06-11	2,044,478,000	매각	입찰 1명 / 낙찰가 2,567,777,000

〈물건개요〉

2종 일반 주거지역에 약 336평의 토지상에 1동의 8층 빌라가 축조되어 있는 물건으로서, 1동의 빌라 건물을 제외한 토지만 매각하는 물건이다.

〈권리분석〉

말소기준권리는 을구 1의 1997. 2. 3. 넥○○○의 근저당권이다. 따라서 인수하게 되는 권리는 없다. 그런데 대지 위에 임시사용승인 상태인 8층 집합건물이 있으나 건물은 매각에서 제외되고 그 토지(* 대지)만 매각대상이다. 이런 경우에는 반드시 법정지상권 성립 여부를 분석해야 한다. 따라서 이 경매사건은 법정지상권 성립 여부가 관건이다.

만약 토지만 매수했을 때 이 건물이 법정지상권이 성립된다면 토지 매수자는 토지 사용에 많은 제한이 따르므로 큰 낭패를 보게 될 것이다.

건물 폐쇄등기부까지 확인해본 결과, 넥○○○가 1997. 2. 3.에 토지 을구 1의 근저당권을 설정할 당시 기존의 구 건물이 존재할 때 건물 등기부에도 근저당권을 동시에 설정하였다. 그런 후 토지 및 건물소유자 겸 채무자는 건물을 헐고(* 건물이 멸실되면 건물등기부는 폐쇄) 지금의 8층 근린생활시설 및 연립주택을 축조 후 분양하여 이미 타인들이 소유하여 거주하고 있는 상태이고, 구 건물이 멸실된 후 건물등기부는 폐쇄되자 동시에 넥○○○가 1997. 2. 3.에 설정한 근저당권을 포함한 모든 권리가 말소되고 폐쇄되어 버렸다.

그렇게 말소된 근저당권은 채권자의 재산권을 위하여 구 건물을 헐고 새로 축조한 후 새로운 등기부를 편성할 때에 폐쇄된 등기부상의 권리들을 새로 회복시켜야 함에도 그렇게 하지 않고 채무자는 바로 타인들에게 분양을 해버린 것이다. 그런 이유로 채권자 넥○○○는 이미 분양이 되어버린 타인 소유의 부동산에 대해 경매신청을 할 수 없었기 때문에 채무자의 토지만 매각을 할 수밖에 없었던 것이다.

만약 토지 소유자가 8층 근린생활시설 및 연립주택을 모두 소유하고 있는 경우라면 건물 등기가 회복되지 않더라도 채권자 넥○○○은 건물도 함께 일괄매각할 수 있고, 그러면 법정지상권의 문제도 없게 된다. 그런데 건물은 이미 타인에게 분양을 해버렸기 때문에 채권자는 토지와 건물을 일괄매각시킬 수가 없었기 때문에 토지와 건물이 각기 달라질 운명에 처하게 되었다. 이런 경우 법정지상권이 성립되지 않는다. (* 참고 대판 2003. 12. 18. 선고 98다43601)

따라서 법정지상권 성립되지 않는 건물의 소유자는 토지 매수인에게 대항할 수 없기 때문에 억울하지만 철거를 당할 수밖에 없다.

참고로 법정지상권 권리를 가지고 있지 못한 건물소유자가 철거당하지 않으려면 그 토지를 매입할 수밖에 없는데, 이때 토지소유자는 매우 높은 가격을 제시할 것이고, 토지소유자는 법정지상권 성립이 없는 건물소유자에 대하여 매우 막강한 권리행사를 할 것이다.

〈입찰결과〉

감정가가 3,993,120,000원인 토지를 2,567,777,000원에 낙찰받았으니 꽤나 많은 수익이 났을 것으로 판단된다. 왜냐하면 법정지상권 성립이 안 되는 건물이 있는 토지를 매수한 후 건물소유자를 상대로 소송을 하여 건물을 철거시키고 토지를 인도받으면 그 토지의 가치는 매우 높이 상승하게 될 것이기 때문이다.

10 지역권 권리분석

의정부지방법원	2016 타경 *****		경기도 남양주시 수동면 외방리 ***		
물건종류	토지(대지)	채권자	부○○○	감정가	1,331,550,000
토지	4,950㎡(1,497평)	매각대상	토지	최저가	(49%) 932,085,000
건물	없음	배당요구 종기일	2016-10-10	입찰 보증금	(10%) 93,209,000

〈등기부 현황〉

구분	성립일자	권리종류	권리자	권리금액	소멸 여부
을1	1988-09-06	요역지 지역권	통행 목적		인수
을4	2015-02-12	근저당	부○○○	924,000,000	소멸기준
갑4	2015-03-03	가등기	손○○		소멸
을5	2015-07-16	근저당	손○○	400,000,000	소멸
갑5	2016-07-25	임의경매	부○○○		소멸

* 을구 1번은 요역지 지역권이고, 본건 부동산의 소유권에 부종하므로 매수인이 취득하는 권리이며, 말소촉탁 대상이 아님

〈기일 현황〉

회차	매각기일	최저매각가	결과	비고
2차	2017-01-24	932,085,000	유찰	
3차	2017-02-28	652,460,000	매각	입찰 3명 / 낙찰가 802,000,000

〈물건개요〉

1,1497평의 토지, 지목은 대지, 당 토지 채무자는 이웃 토지를 통행할 수 있도록 인근의 여러 토지를 경매목적 부동산 소유자를 위하여 통행에 도움을 주는 토지인 승역지에 요역지(* 도움을 받는 토지)인 지역권을 설정해두고 있다.

〈권리분석〉

말소기준권리는 2015. 2. 12. 설정된 부○○○의 근저당권이 말소기준권리이므로 이 권리 이하는 전부 소멸한다. 그러나 말소기준권리보다 선순위 등기인 을구 1에 통행을 목적으로 한 요역지 지역권이 있는데, 이 지역권은 인수하게 된다.

참고로 요역지 지역권은 타인 토지의 도움을 필요로 하는 토지이고, 그 요역지에 도움을 주겠다고 하는 토지는 승역지(* 승은 도우다의 뜻)가 된다.

그래서 도움을 받는 요역지의 지역권이 인수권리가 되면 유리한 것이다. 따라서 승역지가 아닌 요역지로 설정된 토지를 낙찰받고 인수하게 되는 것은 문제가 안 되면서 오히려 좋은 것이고, 반대로 요역지 지역권이 소멸되면 승역지의 도움을 받을 권리가 없게 될 것이므로 통행이 불편해 질 것이다.

더 붙여서 말하자면 승역지가 매각에 나오면 인수되는 것보다 소멸되는 것이 좋다. 왜냐하면 승역지 소유자는 더 이상 자신의 토지를 요역지에 도움을 제공하지 않아도 되기 때문이다.

〈입찰결과〉

감정가가 1,331,550,000원인 토지를 감정가의 60%인 802,000,000원에 낙찰받았으니 매우 좋은 결과를 낳았다.

11. 경매신청이나 배당요구가 없는 소유권이전청구권가등기

창원지방법원		2012 타경 *****		경남 김해시 봉황동 ○○아파트		
물건종류	아파트	채권자	이○○	감정가	75,000,000	
토지	대지권미등기	매각대상	토지/건물	최저가	(80%) 60,000,000	
건물	59.13㎡(17.8평)	배당요구 종기일	2013-02-14	입찰 보증금	(10%) 6,000,000	

〈등기부 현황〉

구분	성립일자	권리종류	권리자	권리금액	소멸 여부
갑15	2012-09-18	소유권이전 청구권가등기	이◇◇		인수
갑17	2012-11-20	강제경매	이○○	100,620,000	소멸

* 갑구 15의 소유권이전청구권가등기권자인 이◇◇은 배당요구종기일이 지난 이후인 2013. 9. 2에 배당요구

〈기일 현황〉

회차	매각기일	최저매각가	결과	비고
신건	2013-06-04	75,000,000	유찰	
2차	2013-07-09	60,000,000	매각	입찰 1명 / 낙찰가 80,000,000

〈물건개요〉

경남 김해시에 소재하는 1984년식 매수하는 시점에서는 31년이나 된 아파트이며 대지권이 미등기인 채로 매각에 나왔는데, 평감정평가에는 적정 대지권 가격을 포함하고 있다고 한다.

〈권리분석〉

갑구 17의 2012. 11. 20. 이○○의 강제경매개시등기가 말소기준권리가 되어 있어서 자칫하면 인수할 수도 있는 선순위인 소유권이전청구권가등기가 있다. 따라서 잘 분석해야 한다.

분석해보니 선순위 소유권이전청구권가등기권자가 경매신청을 하지 않았고, 배당요구는 배당요구종기일 내에 신청을 했어야 되는데 배당요구종기일 넘겨서 배당요구한 것을 기록에서 알 수 있다.

이런 경우는 배당요구종기일 내에까지 배당요구를 안한 것은 배당요구를 안한 것으로 처리되므로 이 소유권이전청구권가등기는 낙찰자가 인수해야 한다.

참고로 소유권이전청구권가등기권자는 경매신청을 하거나 배당요구를 하는 경우 그런 가등기는 소유권이전담보가등기로 보기 때문에 결과적으로는 소유권이전담보가등기는 저당권과 같아서 말소기준권리가 되면서 말소가 된다.

따라서 소유권이전청구권가등기권자가 배당요구종기일까지 배당요구를 한다면 말소기준권리가 되고, 이런 경우의 소유권이전청구권가등기권자는 채권액을 배당으로 전액을 회수하지 못했다 하더라도 소멸이 되는 것이므로 낙찰자가 인수해야 하는 것은 아니다.

만약 선순위 소유권이전청구권가등기가 있는 사건이 매각에 나오면 반드시 선순위 소유권이전청구권가등기권자가 경매신청을 한 사건인지, 아니면 법원의 문건 접수내역에서 선순위인 소유권이전청구권가등기권자가 채권신고(* 배당요구신청)를 반드시 배당요구종기일 내에 했는지의 여부를 확인한 후 입찰을 결정해야 한다.

〈입찰결과〉

위험한 물건임에도 감정가 75,000,000원의 물건을 단독입찰로 80,000,000원에 낙찰받았으나 매수하기에는 위험한 물건을 낙찰받은 것이기에 향후 곤욕을 치를 것이 예상된다.

12 제척기간이 도과된 소유권이전청구권가등기

광주지방법원	2007 타경 *****		광주광역시 남구 월산동 ○○아파트		
물건종류	아파트	채권자	신○○○	감정가	27,000,000
토지	28.8㎡(8.7평)	매각대상	토지/건물	최저가	(45%) 12,096,000
건물	44.5㎡(13.4평)	배당요구 종기일	2007-09-17	입찰 보증금	(10%) 1,209,600

〈등기부 현황〉

구분	성립일자	권리종류	권리자	권리금액	소멸 여부
갑1	1987-12-28	소유권	위○○		
갑2	1992-07-29	가등기	박○○		인수
갑3	1992-08-19	가압류	신○○○		소멸기준
갑4	1993-08-13	압류	강○		소멸
갑5	2007-05-25	강제경매	신○○○	100,000,000	소멸

* 갑구 2의 소유권이전청구권가등기권자인 박○○은 문건 접수내역상 배당요구신청(* 채권계산서 제출)이 없다.

〈기일 현황〉

회차	매각기일	최저매각가	결과	비고
신건	2007-12-07	27,000,000	유찰	
1차	2008-01-25	18,900,000	유찰	
2차	2008-03-07	15,120,000	유찰	
3차	2008-04-18	12,096,000	매각	입찰 5명 / 낙찰가 16,130,000

〈물건개요〉

광주광역시에 소재하는 1980년식, 2008년 매각시점에서는 28년이 되었고, 4층 건물의 소형 아파트 중 1층의 한 호이다.

〈권리분석〉

갑구 3의 1992. 8. 19. 신○○○의 가압류가 말소기준권리가 되고, 선순위인 소유권이전청구권가등기권자는 경매신청채권자도 아니고, 문건접수내역을 확인해도 채권계산서 제출도 없어 낙찰자가 인수해야 하는 위험한 물건이다.

그런데 인수하게 될 선순위 소유권이전청구권가등기가 제척기간 10년이 도과하게 되는 것이라면 입찰을 고려해볼 수 있다.

왜냐하면 소유권이전청구권가등기를 설정한 후 10년이 지나도록 본등기를 하지 않으면 소유권이전등기청구권리가 소멸된다. 어떤 종류의 권리에 대해 법률상으로 정해진 존속기간을 제척기간이라 하는데, 소유권이전청구권가등기가 10년의 기간이 경과하도록 그 권리를 행사하지 않으면 제척기간에 따라 그 권리가 소멸되는 것이기 때문에 취득해도 소유권을 빼앗길 염려가 없게 된다.

그리고 입찰을 보아 취득하면 선순위 소유권이전청구권가등기가 바로 말소가 되는 것은 아니고, 그 소유권이전청구권가등기는 일단은 인수한 후 말소의 소를 구하여 말소하면 되는 것이다.

참고로 이 점에서 중요한 한 가지가 있다. 등기부 접수일자의 계산으로는 제척기간이 도과한 것일 수 있으나 제척기간 내에 소유권이전청구권가등기권자가 언제부터인가 점유를 하고 있었다면 그 점유는 소멸시효 중단의 역할을 하는 것이므로 소유권이전청구권가등기권자의 점유 사실도 탐문 등을 통하여 확인해봐야 하는데, 점유한 사실도 없다면 낙찰 후 말소의 소를 구하여 말소하면 될 것이므로 취득에 안전한 경매사건이 될 것이다.

〈입찰결과〉

감정가 27,000,000원인 아파트를 16,130,000원의 가격으로 낙찰받았는데, 소액이 투자되는 물건이라서 제자가 서울에서 광주까지 가서 발품을 판 보람이 있었다.

낙찰 후 선순위 소유권이전청구권가등권자를 상대로 간단한 소송도 하여 선순위의 소유권이전청구권가등기도 말소하고, 집수리도 약간하여 약 3개월 후에 소액투자로 약 700만 원 정도의 소득이 창출되었으니 큰 보람이 있었다.

13 경매신청이나 배당요구가 없는 선순위 가처분

서울남부지방법원		2011 타경 *****		서울특별시 영등포구 도림동 ○○아파텔		
물건종류	오피스텔	채권자	김○○	감정가	175,000,000
토지	12.1㎡(3.6평)	매각대상	토지/건물	최저가	(80%) 140,000,000
건물	45.3㎡(13.7평)	배당요구 종기일	2011-08-10	입찰 보증금	(10%) 14,000,000

〈임차인 현황〉

성립일자	권리자	점유부분	권리금액	권리신고
전입 2008-12-17 확정 2009-04-08 배당 2011-07-26	김○○	주택임차인 전부	120,000,000	유

〈등기부 현황〉

구분	성립일자	권리종류	권리자	권리금액	소멸 여부
갑3	2009-10-23	가처분	이○○		인수
을3	2009-11-03	근저당	김○○	120,000,000	소멸기준
갑4	2011-05-31	강제경매	김○○		소멸
을4	2011-07-04	임차권등기	김○○	120,000,000	소멸

* 갑구 3의 가처분권자 이○○은 경매신청채권자도 아니면서 배당요구신청도 없다.

〈기일 현황〉

회차	매각기일	최저매각가	결과	비고
신건	2011-10-18	175,000,000	유찰	
2차				입찰 1명 / 낙찰가 146,110,000

〈물건개요〉

매각물건은 2003년식 15층 건물의 아파텔, 15층 중 15층, 전용면적 약 14평

〈권리분석〉

1순위로 갑구 3의 2009. 10. 23. 이○○의 가처분등기가 있으나 이 가처분등기는 말소기준권리가 되지 못하고, 말소기준권리는 을구 3의 2009. 11. 3. 김○○의 근저당권이기 때문에 말소기준권리 이하는 소멸한다.

그러나 등기부상에서 확인해본 결과 임차권등기한 임차인 김○○는 임차보증금이 120,000,000원이고, 2008. 12. 17.에 주민등록을 하고 2009. 4. 8.에 점유를 했기 때문에 2009. 4. 9.에 대항요건 효력이 발생되어서 말소기준보다 빠르기 때문에 대항력이 있고, 우선변제권도 선순위인 임차인, 즉 겸유권자이다.

- 임차권등기와 관련한 분석

  을구 4의 임차권등기는 임차인 김○○가 2008. 12. 17.에 주민등록하

였고 확정일자를 2009. 4. 8.에 받아두었다가 계약만료가 되어도 보증금을 반환받지 못하여 경료한 등기이다.

그리고 임차인 김○○은 임차보증금을 강제적으로 임차보증금을 반환받기 위하여 임차권반환소송에서 확정판결을 받고 2011. 5. 31.에 강제경매경매신청(* 경매개시결정)을 하였다. 그리고 이 임차인은 등기부에 가처분등기가 설정되니 등기임차보증금을 보전할 목적으로 2009. 11. 3.에 근저당권까지 설정했고, 심지어 경강제매개시 후 임차권등기까지 했는데, 대항력과 우선변제권을 유지하고 있으면 될 것을 필요 이상으로 금전을 낭비하면서 권리를 챙겼다.

참고로 경매개시결정등기 전에 임차권등기를 한 경우의 임차인은 '권리신고 및 배당요구'를 하지 않더라도 배당요구신청을 한 것으로 보고, 경매개시결정등기 후에 임차권등기를 한 임차인은 배당요구신청을 하지 않으면 법원에서는 임차인에 대한 내용을 알지 못하기 때문에 배당을 해주지 않을 것이다. 그러므로 경매개시결정등기 후 임차권등기를 한 임차인은 반드시 배당요구종기일까지 배당요구신청을 해야 한다.

• 선순위 가처분등기와 관련한 분석

선순위 가처분권자가 판결을 득한 후 경매신청을 하거나 타인의 경매신청사건에서 배당요구종기일까지 배당요구신청을 하였다면 배당을 받아가든 못 받아가든 소멸될 것이다.

그러나 이 경매사건에서는 가처분등기가 말소기준권리보다 선순위로 있다면 소멸이 안 되고 낙찰자가 인수해야 한다. 왜냐하면 가처분권자 이○○는 이 경매사건의 경매신청채권자가 아니면서 배당요구신청도 없기 때문이다.

따라서 이 경매사건은 인수하게 되는 선순위 가처분등기 때문에 입찰하기에는 부담이 된다. 그 이유는 인수되는 가처분등기가 대금납부 시(* 2011. 11. 21.에 매각)까지는 3년이 경과되지 않았을 것이므로 가처분취소의 소를 구할 수 없기 때문이다.

이런 경우에는 입찰을 보기 전에 가처분권자와 해지합의 가능성에 대하여 그 해결점을 찾아 두어야 한다. 그리고 만약 가처분등기가 낙찰 후 뒤늦게 인수되는 사실을 알게 되었다면 대금납부를 포기하거나 그렇지 않으면 가처분권자를 만나서 가처분 해지에 따른 합의를 할 수 있도록 해야 한다.

아니면 가처분취소를 할 수 있도록 가처분집행 후 3년이 지나가기를 기다려야 하든지 해야 할 것이다. 그러나 소유권말소를 위한 가처분등기는 소송에서 가처분권자가 승소한다면 낙찰자는 낭패를 볼 것이므로 위험하게 될 것이다.

따라서 가처분 집행 후 3년이 경과하지 않은 선순위 가처분이 있다면 가처분의 피보전권리를 잘 분석한 후 입찰에 응해야 할 것이다.

〈입찰결과〉

감정가가 175,000,000원인 물건을 단독입찰로 낙찰가 146,110,000원에 낙찰을 받았으나 말소가 되지 않는 선순위 가처분등기를 낙찰자가 인수하기 때문에 좋은 결과가 날 수 없을 수도 있는 물건을 낙찰받은 것으로 판단된다.

14 소멸되지 않는 후순위 가처분

서울북부지방법원	2007 타경 ****		서울특별시 노원구 공릉동 ○○빌라		
물건종류	다세대(빌라)	채권자	권○○	감정가	70,000,000
토지	대지권매각제외	매각대상	건물만 매각	최저가	(51%) 35,840,000
건물	58.3㎡(17.6평)	배당요구 종기일	2007-05-14	입찰 보증금	(10%) 3,584,000

〈등기부 현황〉

구분	성립일자	권리종류	권리자	권리금액	소멸 여부
을1	1996-07-31	근저당	권○○	30,000,000	소멸기준
갑8	2000-03-16	소유권	공○○		
갑13	2007-01-19	가처분	○○자산관리		인수
갑14	2007-02-02	임의경매	권○○		소멸

* 갑구 13의 가처분등기의 피보전권리는 건물철거 및 토지인도 청구권이다.

〈기일 현황〉

회차	매각기일	최저매각가	결과	비고
신건	2007-07-02	70,000,000	유찰	
2차	2007-08-14	56,000,000	유찰	
3차	2007-09-03	44,800,000	유찰	
4차	2007-10-08	35,840,000	매각	입찰 5명 / 낙찰가 43,280,000

〈물건개요〉

대지권이 없는 빌라 한 호만 매각에 나와 있는 물건이고, 대지권 사용될 토지에는 후순위로 피보전 권리가 건물철거 및 토지인도청구권에 기한 가처분이 설정되어 있는 등기가 있다.

〈권리분석〉

1순위로 을구 1의 1996. 7. 31. 권○○의 근저당권이 말소기준권리이다. 그러나 후순위로 가처분등기가 있는 경우 건물만의 매각이라면 후순위 가처분등기라 하더라도 소멸되지 않는 후순위 가처분등기인지를 분석한 후 입찰에 응해야 할 것이다.

- **피보전권리가 대지인도 및 건물철거청구권인 후순위 가처분등기**

  후순위 가처분등기는 원칙적으로 소멸되는 것이지만 건물만의 매각사건에서 토지소유자가 건물소유자를 상대로 토지인도 및 건물철거청구권을 피보전권리로 하는 가처분등기가 되어 있다면 비록 후순위 가처분등기라 하더라도 소멸되지 않는다.

  이 경매사건은 건물만의 매각이고, 말소기준권리인 권○○의 근저당권보다 후순위로 건물철거 및 토지인도청구권을 피보전권리로 한 가처분등기가 있다. 이는 소멸되지 않고 낙찰자가 인수해야 한다. 왜냐하면 토지소유자는 건물소유권이 전전 양도된다 하더라도 전득자(* 새로운 소유자)에게도 그 가처분의 피보전권리를 주장할 수 있게 하기 위함이기 때문이다. 따라서 비록 후순위의 가처분등기라 하더라도 말소가 안 되는 가처분등기라서 위험한 등기이다.

- **피담보채권이 없는 근저당권의 후순위 가처분등기**

  매우 드문 경우이지만 피담보채권이 없는 근저당권보다 후순위 가처분등기가 있는 경우라면 후순위 가처분등기라도 소멸되지 않고 인수해야 한다. 따라서 후순위 가처분등기에 앞서 선순위로 근저당권이 있게 되면 그 근저당권의 피담보채권의 유무를 확인해봐야 한다.

〈입찰결과〉

감정가 70,000,000원, 대지권이 없는 전용면적 약 17평 정도의 빌라를 입찰자 5명 중 낙찰가 43,280,000원으로 낙찰을 받았지만 후순위 가처분등기가 피보전권리가 대지인도 및 건물철거청구권인 등기이므로 향후 이 건물 소유자는 이 법정지상권이 없는 건물이라서 토지 소유자로부터 토지(* 대지권)를 확보하든지 아니면 건물을 철거하겠다고 하는 그런 압박을 받게 될 것이고, 토지대를 비싼 가격으로 제시하더라도 이미 '갑'의 위치에 있는 소유자는 토지소유자일 것이므로 '을'이 될 매수인은 앞으로 골치가 많이 아플 물건을 낙찰받은 결과로 마냥 기쁠 수만은 없을 것이다.

15 선순위라도 소멸시킬 수 있는 가처분등기

대구지방법원		2016 타경 *****		대구광역시 수성구 두산동 ○○아파트		
물건종류	아파트	채권자	조○○	감정가	700,000,000	
토지	18㎡(5.4평)	매각대상	토지/건물	최저가	(70%) 490,000,000	
건물	110.6㎡(33.5평)	배당요구 종기일	2016-08-12	입찰 보증금	(10%) 49,000,000	

〈등기부 현황〉

구분	성립일자	권리종류	권리자	권리금액	소멸 여부
갑2	2011-11-11	소유권	조○○		
갑4	2012-06-12	가처분	김○○		인수
갑5	2015-05-12	가압류	조○○	374,910,000	소멸기준
갑6	2016-03-04	가압류	장○○	89,442,715	소멸
갑7	2016-06-02	강제경매	조○○		소멸

〈기일 현황〉

회차	매각기일	최저매각가	결과	비고
신건	2017-02-07	700,000,000	유찰	
2회	2017-03-07	490,000,000	매각	입찰 18명 / 낙찰가 653,789,100 2등 입찰가 651,370,000

〈물건개요〉

물건은 SK가 건설하고, 2010년식, 세대수는 788세대, 7개동 36층 아파트, 대구광역시 지하철 황금역 인근에 위치, 매각 물건은 26층

〈권리분석〉

갑구 5의 2015. 5. 12. 조○○의 가압류가 말소기준권리이다. 그러므로 선순위 가처분등기는 인수해야 하므로 위험한 것으로 판단될 것이다.

그러나 보전처분집행(* 가압류·가처분 등기) 후 3년간 본안의 소를 제기하지 아니하면 취소의 요건이 완성되고, 가처분등기 후 3년이 지난 후에 본안의 소를 제기한 경우라도 마찬가지이다.

따라서 이 경매사건은 취득 후 일단은 인수하고, 인수한 후에 가처분의 취소(* 민사집행법 제307조)의 소를 제기하여 판결을 득한 후 말소를 하면 되므로 위험한 것은 아니다. 단, 집행증서를 취득하였음을 이유로 가처분집행 후 3년 내에 본안의 소를 따로 제기하지 아니한 경우에는 취소사유에 해당하지 않는다.

본 경매사건은 2012. 6. 12.에 가처분등기가 경료되었고, 2017. 3. 19.에 대금납입을 했다. 따라서 대금납부 시 선순위 가처분 등기는 가처분 취소 소송으로 승소판결을 득한 후 말소를 하면 될 것이기 때문에 문제가 될 것은 없다.

〈입찰결과〉

감정가가 700,000,000원인 아파트를 입찰자 18명 중에서 낙찰가 653,789,100원으로 낙찰을 받았고, 2025년 8월 현재 이 아파트의 매매가격은 10.5~11억 원 정도 하므로 입찰 볼 2017년 3월 당시부터 지금까지 좋은 결과를 낳고 있다.

16 유치권 권리분석

서울중앙지방법원		2011 타경 *****		서울특별시 강남구 논현동 ***		
물건종류	근린시설	채권자	박○○	감정가	7,434,240,000
대지권	323㎡(97.7평)	매각대상	토지/건물	최저가	(80%) 5,947,392,000
전용면적	1109㎡(335평)	배당요구 종기일	2011-10-31	입찰 보증금	(10%) 594,739,200

〈임차인 현황〉

성립일자	권리자	점유부분	권리금액	권리신고
말소기준보다 후순위인 임차인 15명	임차인 15명	전부	281,500,000	유

〈등기부 현황〉

구분	성립일자	권리종류	권리자	권리금액	소멸 여부
을2	2010-10-04	근저당	중○○○	5,640,000,000	소멸기준
을4	2011-03-08	근저당	현○○○	1,900,000,000	소멸
을5	2011-03-31	임차권	사○○○	200,000,000	소멸
갑8	2011-06-22	압류	강○○○		소멸
갑14	2011-10-04	임의경매	중○○○		소멸

* 유치권신고 2건 신고금액 총 1,426,700,000원 중 1건 320,100,000원은 대한 유치권자는 유치권 포기서 제출된 상태이고, 15건의 임차인이 있으나 대항력 있는 임차인은 없으며, 임차인 15명의 보증금은 총 281,500,000원, 월세는 총 29,130,000원인 상황이다.

〈기일 현황〉

회차	매각기일	최저매각가	결과	비고
신건	2012-01-11	7,434,240,000	유찰	
2차	2012-02-15	5,947,392,000	매각	입찰 1명 / 낙찰가 6,423,230,000

〈물건개요〉

서울 강남 논현동 소빌딩, 1997년식, 8층 빌딩, 9호선 신논현역과 신분당선의 더블 역세권에 위치한다.

〈권리분석〉

말소기준권리는 을구 2의 2010. 10. 4. 중○○○의 근저당권이 말소기준권리이고, 등기부 외의 권리인 상가건물임대차보호법상 임차인 15명이나 있어도 대항력 있는 임차인이 아무도 없다. 그러나 유치권의 성립을 알 수 없는 2건의 유치권이 있다. 이 유치권이 성립한다면 낭패를 볼 수도 있다.

A업체는 신축 및 리모델링, 인테리어 공사대금으로 1,106,600,000원을, B업체는 인테리어 공사대금으로 320,100,000원의 금액으로 유치권을 주장하고 있다.

그런 중에 B업체는 법원에 유치권포기서가 제출하였기에 B업체의 유치권 주장에 대해서는 이제 신경을 쓸 필요 없다.

이제, 건물을 점유하면서 유치권을 주장하는 A업체의 유치권만 성립 여부를 점검하고 해결하면 아무 문제가 아닐 것이다. 그래서 입찰자는 그 건물 내에 있는 임차인들을 통하여 탐문조사를 해봐야 하고, 운이 좋으면 의외로 많은 정보를 취득할 수 있다. 아마도 낙찰자는 A업체의 유치권이 허위라는 것을 알아낼 수 있었기에 낙찰을 본 것으로 판단되고 훌륭한 재테크를 했으리라 추측이 된다.

이렇게 탐문을 하거나 정보를 잘 취합하여 유치권성립조건에 부합하는지를 잘 따져보고 판단하여 허위 유치권에 속아서는 안 될 것이고, 그렇게 하지 못한 때에는 많은 시간과 금전적 손실을 볼 수 있기 때문에 매우 조심해야 한다.

참고로 낙찰 후 유치권의 문제를 해결하려면 예측하지 못한 피해를 볼 수 있다. 따라서 입찰할 물건에 유치권이 주장되어 있는 경우라면 반드시 입찰 전에 유치권을 깰 수 있는 근거를 확보한 후 입찰을 봐야 낭패를 보지 않을 것이고, 낙찰 후에 갑작스런 유치권 주장자가 나올 경우도 있으므로 경매입찰에는 항상 신중에 신중을 기할 필요가 있다.

〈입찰결과〉

감정가가 7,434,240,000원인 물건을 6,423,230,000원에 낙찰받았다. 허위 유치권으로 인하여 경쟁자도 없이 적당히 저렴한 가격으로 매수했는데, 입찰가에서 이득을 본만큼의 금액을 투자하여 리모델링 및 인테리어를 해서 지금도 임대가 잘 나가고 상가 건물로서 비록 큰 빌딩은 아니더라도 가격에 비해서는 내실이 있게 운영되었었다.

물론 약 11억 원 정도의 허위 유치권은 낙찰자인 새로운 소유자가 장부 증빙 해가면서 유치물을 인수하지 않아도 될 것들도 인수할 것은 하면서 약간의 금액을 지불하여 깨끗이 명도를 받아서 빌딩의 일부의 공실마저 다 채워 넣고 임대료를 받으면서 약 7년 정도 소유하고 있다가 종국에는 좋은 가격에 매도한 것으로 알고 있는데, 본 저자가 제일 뿌듯하게 생각하고 있는 결과물 중의 하나이다.

17 환매기간이 남아있는 선순위 환매등기

의정부지방 고양지원	2006 타경 ****		경기도 파주시 교하읍 신촌리 ***	
물건종류	잡종지	채권자	권○○	감정가	2,893,632,000
토지면적	13779.2㎡ (4168.1평)	매각대상	토지	최저가	(80%) 2,314,906,000
		배당요구 종기일	2006-07-05	입찰 보증금	(10%) 231,491,000

〈등기부 현황〉

구분	성립일자	권리종류	권리자	권리금액	소멸 여부
갑1	1994-04-11	소유권	한국○○○		
갑2	2005-07-13	소유권	○○산업		
갑2-1	2005-07-13	환매특약 부기등기	환매권자 한국○○○	환매대금 1,061,000,000	인수
을1	2005-07-13	근저당	권○○	1,500,000,000	소멸기준
갑5	2006-04-07	임의경매	권○○		소멸

* 갑구 2-1의 환매특약등기의 환매기간은 2010.7.12.까지이고, 환매특약등기의 접수번호가 제 58871호이고, 근저당권의 접수번호는 제58872호.

〈기일 현황〉

회차	매각기일	최저매각가	결과	비고
신건	2007-03-28	2,893,632,000	유찰	
2차	2007-04-25	2,314,906,000	변경	
2차	2007-05-23	2,314,906,000	매각	입찰 3명 / 낙찰가 2,912,000,000

〈물건개요〉

지방의 잡종지 4,168평의 토지가 감정가가 약 30억 원이나 되는 매각물건이다.

〈권리분석〉

말소기준권리는 을구 1의 2005. 7. 13. 권○○의 근저당권이 말소기준권리이므로 갑구 2-1의 2005. 7. 13. 한국○○○의 환매특약등기가 선순위가 된다. 왜냐하면 환매특약등기는 접수번호가 제58871호이고, 근저당권은 제58872호이기 때문이다.

따라서 이 경매사건의 환매특약등기는 인수권리가 되면서 환매기간(*2010. 7. 12.까지)도 낙찰자가 소유권을 이전할 때까지는 환매기간이 남아 있을 상황에 있기 때문에 매수하기에는 매우 위험한 물건이다.

왜냐하면 낙찰자는 2,912,000,000원에 낙찰받았는데 환매권자는 1,061,000,000원이라는 환매대금만 지불하면 환매기간 내에 환매를 해갈 수 있기 때문에 낙찰자는 매우 큰 낭패를 볼 것이다. 그런데 낙찰자는 다행히도 이 경매사건이 어떤 사유가 있었는지는 알 수 없으나 매각대금납부 전에 경매사건이 기각이 되어 낭패를 면할 수 있었다.

참고로 환매기간이 남아있는 선순위 환매특약등기가 경료된 물건을 매수하려면 환매금액보다 낮은 금액으로 낙찰을 봐야 이득이 생기거나 소유권을 빼앗기지 않을 것이다.

환매기간은 부동산은 5년, 동산은 3년을 넘지 못하고, 환매기간을 정하지 아니한 때에는 부동산은 5년, 동산은 3년으로 하는데, 만약 선순위 환매특약등기가 있어 확인해 보았더니 환매기간이 도과했다면 매수하여도 아무런 문제가 되지 않는다. 왜냐하면 환매기간이 도과하면 환매청구를 할 수가 없기 때문에 소유권이 빼앗길 위험이 없기 때문이다.

그리고 환매특약등기는 소유권이전등기 시에 소멸되지 않고 인수해야 하고, 환매특약등기를 소멸시키기 위해서는 환매권자의 협조가 있어야 한다. 왜냐하면 환매특약등기의 말소등기신청은 원칙적으로 환매권자와 공동으로 신청하기 때문이다. 그러나 환매권자에게 연락이 되지 않거나 말소등기신청에 환매권자의 협조를 받을 수가 없는 상황이라면 부득이 법원에 환매권말소등기청구의 소를 제기하여 판결을 득한 후 말소신청하면 된다.

〈입찰결과〉

매각일에 입찰 3명에 2,912,000,000원의 가격으로 낙찰되었으나 이 사건 경매는 어떠한 사유인지는 잘 모르겠으나 궁극적으로 최종적으로 기각이 되어서 더 이상 경매자체가 진행되지 않아서 매우 아쉬웠던 물건으로 본 저자는 기억하고 있다. 왜냐하면 희귀한 특수물건이고, 권리분석 자료로 쓰기에는 너무나 좋은 물건이었기 때문이다.

18 공유물분할을 위한 형식적 경매

서울서부지방법원	2020 타경 ***		서울특별시 용산구 이촌동 ○○아파트		
물건종류	아파트	채권자	박○나	감정가	2,900,000,000
대지권	50.5㎡(15.2평)	매각대상	토지/건물	최저가	(100%) 2,900,000,000
전용면적	124㎡(37.5평)	배당요구 종기일	2020-04-24	입찰 보증금	(10%) 290,000,000

〈등기부 현황〉

구분	성립일자	권리종류	권리자	권리금액	소멸 여부
갑2	2016-11-30	소유권	박○가		
갑4	2019-03-07	소유권	박○나		
갑5	2019-03-07	소유권	박○다		
을1	2019-09-18	근저당	용○○○	161,000,000	소멸기준
갑7	2020-02-13	임의경매	박○나		소멸

* 갑구 2, 3, 4 소유권은 지분이 각기 다른 박○가, 박○나, 박○다 3인의 공동소유이다. 현금청산을 위한 물건이고, 용○○○의 근저당권은 납세담보로 이루어진 근저당이다.

〈기일 현황〉

회차	매각기일	최저매각가	결과	비고
신건	2020-09-22	2,900,000,000	매각	입찰 3명 / 낙찰가 3,151,000,000 2등 입찰가 3,038,999,999

〈물건개요〉

물건은 삼성물산이 건설하고 세대수는 460세대, 36층 중 21층, 4호선과 경의선이 다니는 이촌역 근거리에 위치해 있고, 2015년식 아파트이다.

〈권리분석〉

말소기준권리는 을구 1의 2019. 9. 18. 용○○○의 근저당권이 말소기준이다. 갑구 2, 3, 4의 소유자가 3인인데, 소송을 통하여 현금청산결정으로 부동산을 현금화하기 위하여 공유물분할의 소를 통하여 매각에 나온 경매사건이다.

형식적 경매에는 현물분할이 어려운 경우, 소유권 이외의 재산권을 분할하기 위한 경우, 상속재산을 분할하기 위한 경우, 즉 공유물분할을 위한 경매가 있고, 채권을 변제받기 위하여 유치물을 경매하기 위해서 유치권자가 실행하는 유치물 경매가 있는데, 형식적 경매와 일반적인 경매와는 차이가 없다. 단, 일반적인 지분경매와는 달리 공유물분할을 위한 형식적 경매에서는 공유자 우선매수권이 없지만 입찰을 볼 수는 있다.

그러나 형식적으로 진행되는 경매물건인 경우는 법원에서 고지하는 특별매각조건을 잘 확인해야 한다. 왜냐하면 가끔씩 등기부상의 권리가 말소되지 않고 임차인을 인수한다는 조건이 붙는 경우 등이 있기 때문이다.

〈입찰결과〉

감정가가 2,900,000,000원인 아파트를 1차 매각에서 입찰 3명, 낙찰가 3,151,000,000원에 낙찰받았고, 2025년 8월 현재 이 아파트의 매매가격은 시세가 약 55억 원 정도이니 엄청난 재테크가 되었고 참 좋은 결실을 맺었다.

〈경매고수가 되기 위해서〉

뭔가를 하나 얻고자 하면 꾸준히 노력을 해야 한다. 노력 없이는 성공할 수가 없다. "두드려야 열린다!"라는 만고의 진리는 우리 경매 재테크에서는 아주 중요하고 필요적 진리이다. 게다가 "아는 것이 힘이다!"라는 진리도 마찬가지이다. 따라서 이 책을 통하여 경매의 고수의 길에 들어선다면 더 이상 기쁘지 아니 하겠는가?

국가와 거래하는
K부동산경매

제1판 1쇄 2025년 11월 15일

지은이   김규석
펴낸이   한성주
펴낸곳   ㈜두드림미디어
책임편집   신슬기
디자인   얼앤똘비악(earl_tolbiac@naver.com)

㈜두드림미디어
등록   2015년 3월 25일(제2022-000009호)
주소   서울시 강서구 공항대로 219, 620호, 621호
전화   02)333-3577
팩스   02)6455-3477
이메일   dodreamedia@naver.com(원고 투고 및 출판 관련 문의)
카페   https://cafe.naver.com/dodreamedia

ISBN   979-11-24026-01-4 (03320)

책 내용에 관한 궁금증은 표지 앞날개에 있는 저자의 이메일이나
저자의 각종 SNS 연락처로 문의해주시길 바랍니다.

책값은 뒤표지에 있습니다.
파본은 구입하신 서점에서 교환해드립니다.